Callwey

ARCHITEKTUR-PREIS

1999/2000

EINFAMILIENHÄUSER

Holger Reiners

Die besten Einfamilienhäuser

Deutschland, Österreich, Schweiz

CALLWEY

IMPRESSUM

GmbH & Co., Streitfeldstraße 35,
81673 München
http://www.Callwey.de
e-mail: buch@callwey.de

Gestaltung: JUNO, Hamburg
Litho: Fotolito Longo, Bozen
Druck und Buchbinder: Kösel, Kempten
Printed in Germany 1999
ISBN 3-7667-1365-5
Die Deutsche Bibliothek - CIP-Einheitsaufnahme
Ein Titeldatensatz für die Publikation
ist bei der Deutschen Bibliothek erhältlich.

Zeichnung Seite 2: Skizze zum Projekt der Architekten S A M und Partner AG, Zürich (Seite 136-139)

Architekturpreis Einfamilienhäuser – der wichtigste Architekturpreis überhaupt?

Als die Ausschreibung meines Architekturpreises in der Presse erschien, wurde mir entgegengehalten: „Architekturpreise gibt es doch nun wirklich schon genug und einer, der es sich zum Ziel gesetzt hat, die besten Einfamilienhäuser zu prämieren, paßt schon gar nicht in die architekturkritische Landschaft", kurz: er ist nicht „politically correct". Einfamilienhäuser gelten in den aufgeklärten Kreisen mit Wahrheitsanspruch noch immer als die Umweltzerstörer schlechthin, „fressen Land" (diese Formulierung muß man sich einmal bildlich vorstellen!) und sorgen durch übermäßige Zersiedlung allgegenwärtig für Verkehrsprobleme. Außerdem, so wurde kritisiert, habe die Gesellschaft dringendere Aufgaben, als die individuelle oder originelle Manifestation des persönlichen Wohlstandes zu honorieren. Kurz: Dieser Architekturpreis schien wenig Erfolg zu versprechen, so jedenfalls war die einhellige Einschätzung all der wohlmeinenden, aber nichtsdestoweniger kategorisch ablehnenden Besserwisser. Ich habe trotz aller Einwände an der Umsetzung meines Architekturpreises festgehalten. Warum? Aus Begeisterung für diese im besten Sinne traditionsschwere Bauaufgabe, die so viele architektonische Glanzlichter hervorgebracht hat und glücklicherweise noch immer, wenn auch vereinzelt, die Fachwelt ebenso wie den engagierten Architekturfreund staunen läßt. Außerdem war ich die immer wiederkehrende, voreingenommene und ideologisch kurzsichtige Kritik am Einfamilienhaus leid. Nur in einem haben die Kritiker recht: Es gibt viel zu viele schlechte Einfamilienhäuser. Aber ist es deshalb gerechtfertigt, eine Wohnform zu verteufeln, die

Architekturpreis Einfamilienhäuser – Baukunst als Entwurfsverpflichtung

Auslober:
Die Reiners-Familienstiftung zur Förderung von Architektur und Baukunst, Hamburg, in Zusammenarbeit mit dem Callwey Verlag, München.

Teilnehmer:
Architekten aus Deutschland, Österreich und der Schweiz

Von den Teilnehmern wird die Einsendung von Projektdokumentationen realisierter Starter-, Einfamilien- und Generationenhäuser erbeten, die in Entwurf und Ausführung mit dem Anspruch einer richtungsweisenden und werthaltigen Baukunst entstanden sind – unabhängig von der Höhe des zur Verfügung stehenden Budgets. Die Bauten sollen nach 1994 entstanden sein.

Preis: DM 20.000,--

Letzter Termin für die Einsendung: 15.April 1999

Der Preis wird alle zwei Jahre vergeben.

Eine anschließende Dokumentation in Buchform mit der Veröffentlichung der besten Entwürfe soll dazu beitragen, die Sensibilität und das Qualitätsbewußtsein für die Bauaufgabe Einfamilienhaus in der interessierten Öffentlichkeit zu fördern und an Architekturtraditionen anzuknüpfen, in denen auch das Einfamilienhaus als wichtiger Beitrag zur Baukunst verstanden wurde.

Auslobungsunterlagen:
Callwey Verlag, Stichwort Architekturpreis Einfamilienhäuser, Streitfeldstraße 35, 81673 München

bei annähernd 80% der Deutschen als die beliebteste gilt? Ist es nicht viel sinnvoller, die Qualität des Einfamilienhauses zu verbessern, es umweltfreundlich zu machen, den Wettstreit um seine ästhetische Form zu fördern und das Thema wieder in die Nähe der Kunst zu rücken – wo doch die Architektur schließlich als die Mutter aller Künste gilt? Die Architekturfachwelt hätschelt zwar die „Enkel des Einfamilienhauses", von der „jungen Generation" aber will sie nichts mehr wissen. Bleibt man bei diesem Kind-Elternbild, dann ist das keine sehr noble Haltung.

Mir ging es bei der Auslobung dieses Architekturpreises Einfamilienhäuser besonders um die Eingrenzung auf das Thema „Baukunst als Entwurfsverpflichtung". Mit diesem inhaltlichen Anspruch sollte sich der Preis bewußt von anderen Auslobungen, wie zum Beispiel der Bausparkassen und Wohnzeitschriften abheben, deren Erfolgsziel verständlich, aber auch eindeutig ist, nämlich zusätzliche Leser oder Kunden zu gewinnen. Wer dagegen versucht, „Baukunst" anzuregen und zu fördern, hat anderes vor. Bei mir ist es die ganz persönliche Erfahrung im Umgang mit der Bauaufgabe Einfamilienhaus. Ich habe zu diesem Thema viele Bücher geschrieben, ich lebe in einem alten, aber äußerst qualitätvollen Einfamilienhaus aus dem Jahre 1923, das ursprünglich neben sieben anderen Häusern in der Nachbarschaft von unterschiedlichen Architekten für die Lehrer des nahegelegenen Gymnasiums erbaut worden war. Der Architekt unseres Hauses hatte tatsächlich Baukunst im Sinn, als er seinen Entwurf bearbeitete, der neben einer ausgewogenen ästhetischen Form besonderes Gewicht auf das Detail und den virtuosen Umgang mit dem Baustoff Ziegel legte, einschließlich der gebrannten, figürlichen Plastik, die, einer Karyatide gleich, den Eingangsvorbau stutzt. Der Grundriß funktioniert noch heute perfekt, die Bausubstanz bedarf noch immer keiner Sanierung, Um- und Anbauten verbieten sich aus Respekt vor der hohen Entwurfsqualität. Kurz:das Einfamilienhaus als erlebbare Baukunst mit kaum zu übertreffendem Wohnwert.

Es gibt aber noch eine dritte Erfahrungskomponente, vielleicht die wichtigste, die mich bewogen hat, diesen Preis auszuschreiben: die hohe Architekturqualität der Einfamilienhäuser in Amerika, ihre einfache, im ganzen Land ähnliche Konstruktion, der selbstverständliche Umgang mit dem Baustoff Holz und die unübertroffene architektonische Breite des Entwurfsspektrums. Darüber hinaus habe ich bei den vielen Einfamilienhäusern, die ich in Amerika besucht habe, immer auch die gelungene, respektvolle Verbindung aus Gebautem und der Natur bewundert. Bei einer so beeindruckenden architektonischen Qualität kommt niemand auf den Gedanken, das Einfamilienhaus als „ökologischen Alptraum" zu bezeichnen. In Amerika, so mein Eindruck, ist man stolz auf das persönliche architektonische Bekenntnis, der Wunsch nach Baukunst wird dort nicht spöttisch belächelt, eher bewundert. Eine solche Erfahrung macht Mut.

Es gibt aber noch einen Grund, warum ich diesen Architekturpreis unbedingt ausloben wollte: Es ist das Unbehagen über die deutsche Szene der Architektur-

journalisten, die meinen, das Beschäftigen mit Architektur müsse immer geistige Knochenarbeit sein, freudlos, Pflichten einmahnend, wie eine geistige Geissel, deren reinigenden Striemen man sich als Architekt mindestens einmal im Monat auszusetzen habe. Dazu kommt eine Überheblichkeit in den Textbeiträgen, die der von Restaurantkritikern in nichts nachsteht. Vor allem aber ist diese Art von Journalismus in meinen Augen von einer nicht zu überbietenden Freudlosigkeit gekennzeichnet, die einem das Beschäftigen mit Architektur geradezu verleidet.
Es gibt ein weiteres Phänomen, das mich beschäftigt: In sehr vielen Bereichen des Alltagslebens, vor allem in der Mode, im Design, im Zeitschriftenlayout, bei Autos, Möbeln, Stoffen – um nur einige Bereiche zu nennen – hat Ästhetik eine ganz besondere Funktion: Ästhetik steht für Erfolg, ist Motor des Erfolges und damit für Umsatz und für Einfluß auf gesellschaftliche Trends ganz wesentlich verantwortlich. Der so wichtige Bereich des Bauens, der Architektur, scheint zumindest in den deutschsprachigen Ländern von einer breiten und hohen ästhetischen und sinnlichen Qualität nichts wissen zu wollen, will offenbar keinen Einfluß haben. Auch das ist in Amerika anders, dort hat Architektur im gesellschaftlichen Leben einen hohen Stellenwert, ist akzeptiert, ist Thema.
Ich habe mir gedacht, wenn allein in Deutschland im Jahre 1999 über 250.000 Einfamilienhäuser, Doppel- und Reihenhäuser gebaut werden, dann ist ein Architekturpreis für diese Bauaufgabe wichtig und er kann hoffentlich stimulieren. Denn fast alle, weit über 90% dieser Häuser werden ohne Architekten gebaut, ohne wirklichen Anspruch an Architektur, ohne den Wunsch nach Baukunst und Vorbildfunktion, ohne ökologisches Bewußtsein, ohne den Harmonieanspruch zwischen Natur und Architektur. Und dabei geht es um ein finanzielles Auftragsvolumen von über 100 Milliarden Mark pro Jahr, Tendenz steigend.

Die Jury, die am 30. April 1999 die Preisträger ausgewählt hat:

Mechtild Friedrich-Schoenberger,
Architektin in Münsing/Ammerland

Ulrike Myrzik,
Architekturfotografin in München

Gerhard Bünemann,
Architekt in Hannover

Emil M. Bisig,
Verleger in Zürich

Franz C. Demblin,
Architekt in Wien

Roland Thomas,
Verlagsleiter des Callwey Buchverlages

Holger Reiners,
Hamburg

Ich verstehe diesen Preis und die prämierten Häuser als eine Art Bestandsaufnahme dessen, was derzeit in Deutschland, Österreich und der Schweiz an Einfamilienhäusern gebaut wird und damit als Chance, durch positive Vorbilder den Architekten bei dieser Bauaufgabe wieder mehr und deutlich ins Gespräch zu bringen. Die Resonanz auf die Ausschreibung war erstaunlich: es haben über 500 Architekten die Unterlagen abgefragt, es sind ebenso viele Projekte eingeschickt worden – 534!
Ein Jury-Mitglied machte den treffenden Kommentar, daß eigentlich alle 34 Entwürfe, die in diesem Buch vorgestellt werden, preiswürdig seien. Und: Wäre es nicht eine Freude, wenn überall auf diesem Niveau gebaut würde?
Ich selbst war von der Qualität der eingereichten Arbeiten überrascht, vor allem von den Häusern, die mit einem geringen Budget gebaut wurden. Auch sie haben den Anspruch an Baukunst. Alle Entwürfe setzen auf ihre Weise Zeichen, machen Mut, machen Freude und zeigen, daß das Einfamilienhaus zu Recht die beliebteste Wohnform überhaupt ist.
Damit ist der Architekturpreis Einfamilienhäuser ein kleiner Baustein auf dem Weg zu mehr architektonischer Qualität, über die sich alle, die an Bauen, Wohnen und einem verantwortungsvollen Leben interessiert sind, nur freuen können.
Wie wichtig dieser Architekturpreis nun wirklich ist, vermag ich nicht zu sagen. Es ist auch gar nicht bedeutsam. Wenn die vorgestellten Häuser Freude machen, wenn sie anregen, wenn sie den Wunsch wach werden lassen, auch selbst mit einem guten Architekten das eigene Haus bauen zu wollen, dann ist er in seiner Wichtigkeit nicht zu überbieten. Ich bin von der Qualität der ausgewählten Häuser so beeindruckt und animiert, daß ich intensiv nach einem passenden Grundstück suche, um endlich selbst ganz neu zu bauen. Ich werde fünf Architekten, von denen ich glaube, daß sie meine Wünsche umsetzen können, bitten, einige Skizzen für unser zukünftiges Haus zu machen. Der Entwurf, der mir am meisten zusagt, wird dann gebaut. Ich kann es kaum erwarten, diese Skizzen zu sehen.

Holger Reiners

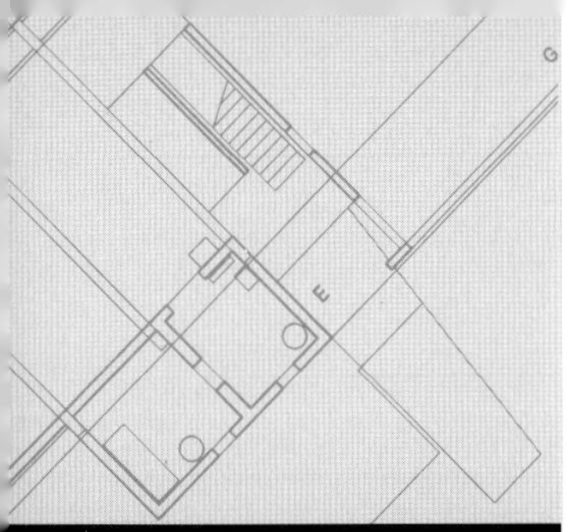

Wohnhaus in Horgen/Zürich

Die Kunst der kompromißlosen Ästhetik

Architekten: Angélil, Graham, Pfenninger, Scholl / Zürich, Los Angeles

Entwurfskonzept

Das Haus liegt parallel zum Hang im Gebiet Gugger in Horgen am Zürichsee. Die Konstruktion im Erdreich wurde konventionell aus Beton ausgeführt. Sämtliche Elemente des darüberliegenden Wohnhauses wie Boden, Galerie, Dach, Fassaden und Innenwände sind als vorfabrizierte Holzbauelemente ausgeführt und auf der Baustelle zusammengebaut worden.

Der Holzbau liegt zur Betonkonstruktion im Erdreich versetzt auf Unterzügen aus vorgefertigtem Beton. Damit können auch die Räume im Untergeschoß über ein Oberlichtband natürlich belichtet und belüftet werden. Durch das lineare Aneinanderreihen der Funktionen des Wohnens wird in jedem Raum ein gleichzeitiger Bezug zum Zürichsee sowie zum Garten im Süden erreicht. Die schiefe Dachebene ermöglicht im Nordwesten einen zweigeschossigen Wohnteil mit einem anschließenden hohen Wohnraum und Zimmer mit kleinen Galerien. Dabei wurde die Fassadenfläche im Nordosten gegenüber der Fläche im Südwesten reduziert.

Erscheinungsbild

Der Charakter der beiden Längsfassaden ist durch zwei verschiedene Fenstertypen und die schiebbaren Elemente der Fassadenverkleidung geprägt. Die schmalen, raumhohen Fensterelemente unterstützen die überhöhten Innenräume noch in ihrer Wirkung. Die Schiebefenster mit den liegenden Formaten dagegen ermöglichen einen großzügigen Bezug zum Außenraum.

Die Eingangssituation im Untergeschoß: von hier aus führt das Treppenhaus ins Hauptgeschoß, rechts daneben die Garage, links der große Mehrzweckraum. Die Modelle verdeutlichen die Höhenstaffelung.

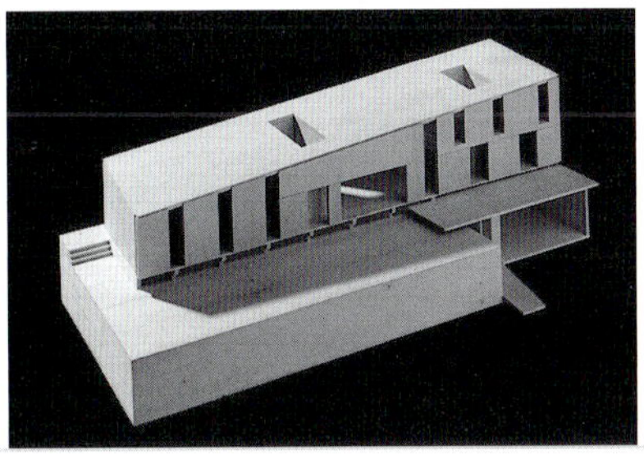

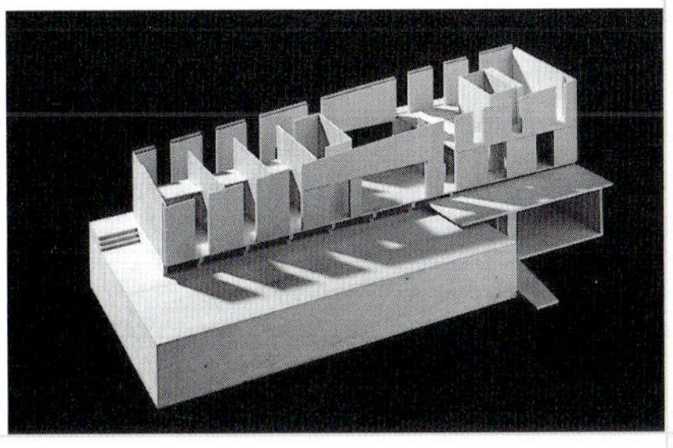

Ein planerisches Meisterstück: Die Raffinesse der Fassadengliederung setzt sich bei der Außengestaltung im Materialwechsel des Gartenhofes fort. Hier ist die korrekte Pflege ein gärtnerisches Muß, ohne sie zerbricht der Reiz.

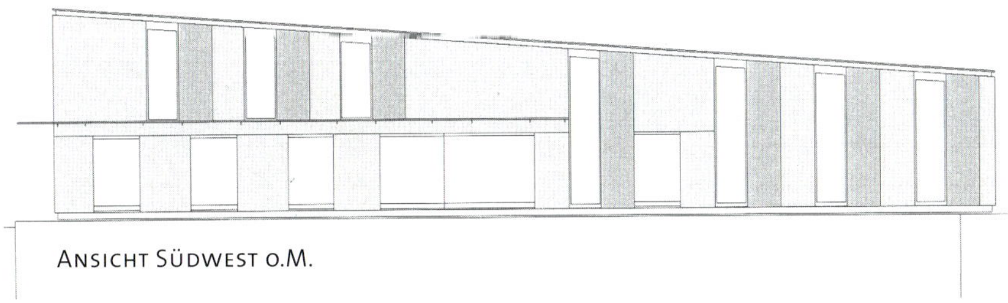

Ansicht Südwest o.M.

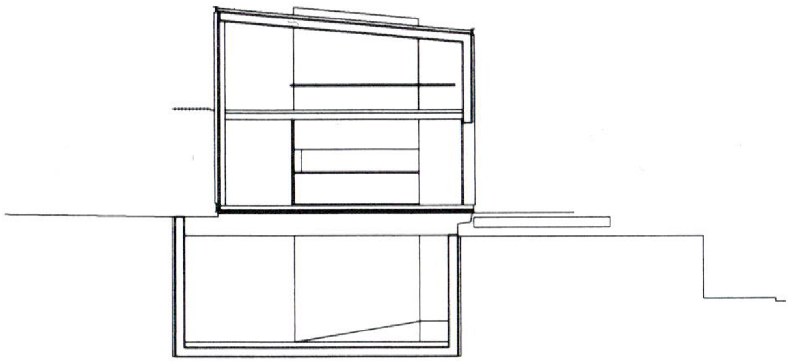

Querschnitt o.M.

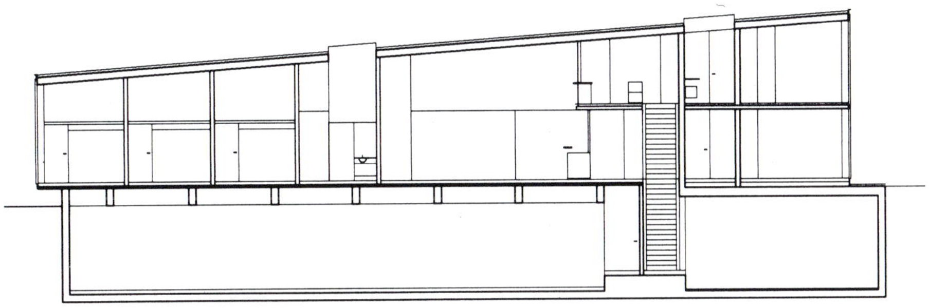

Längsschnitt o.M.

1:200

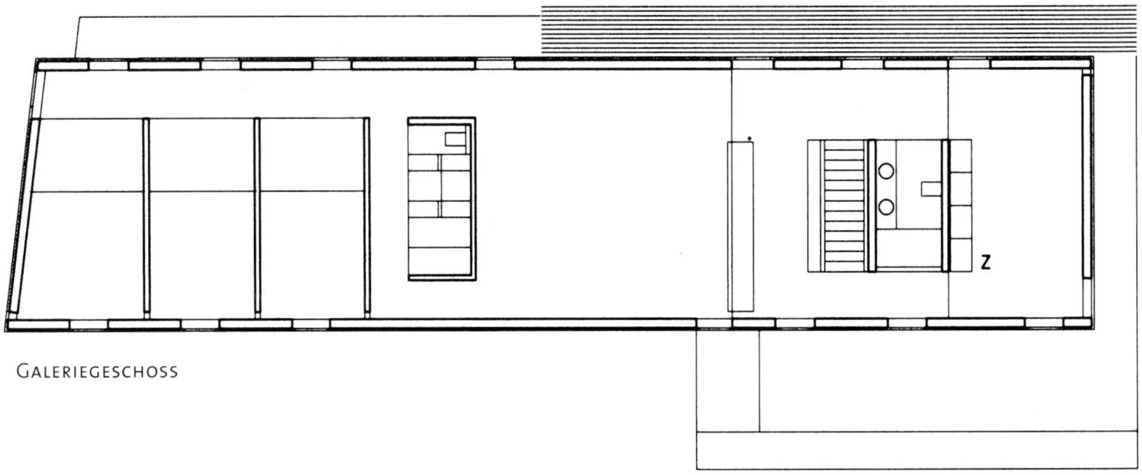

Galeriegeschoss

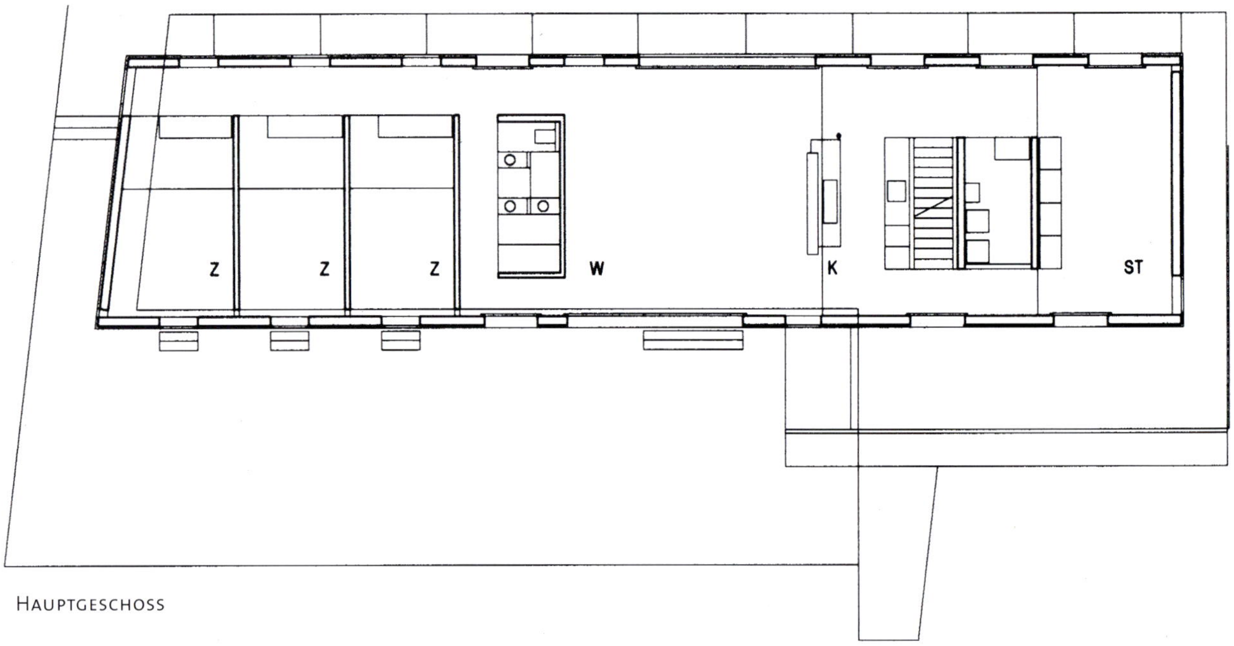

Hauptgeschoss

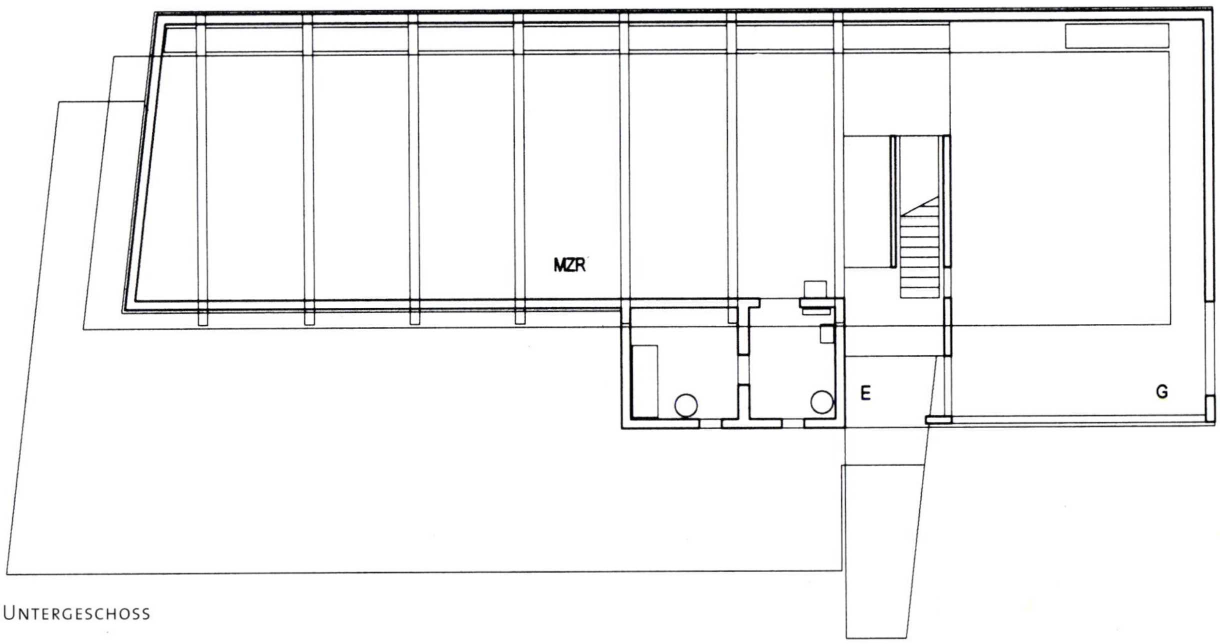

Untergeschoss

Sprichwörtliche Schweizer Präzision zeigt sich in jedem Detail, dabei wirkt es mühelos und selbstverständlich.

Baudaten

Grundstücksgröße:	1056 m²
Anzahl der Bewohner:	5
Überbaute Fläche:	200 m²
Wohnfläche:	255 m²
Zusätzliche Nutzfläche:	220 m²
Umbauter Raum in m³:	1890
Baukosten je m²	
Wohnfläche:	Keine Angaben
Eigenleistung:	Keine
Bauzeit:	Herbst 1997 - Frühjahr 1998

Der Blick vom Galeriegeschoß auf die tiefer liegenden Schlafzimmer. Auch hier besticht der Dialog zwischen den horizontalen und vertikalen Flächen. Das Rezept: keine Fußleisten.

Die Küche wünscht man sich bis auf weiteres als begehbare Plastik. Hier ist die Architektur stärker als das Leben.

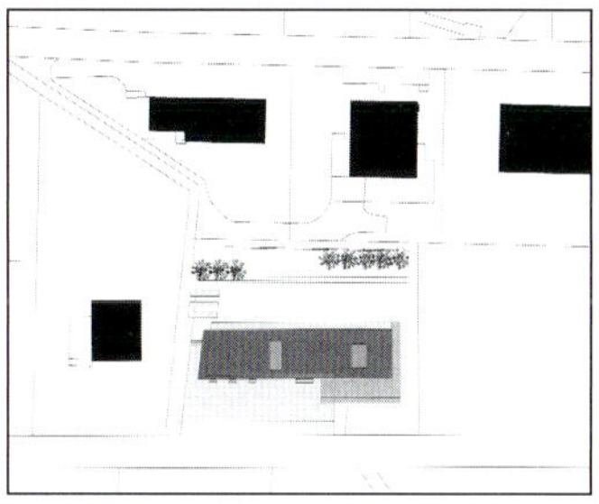

LAGEPLAN 1:2000

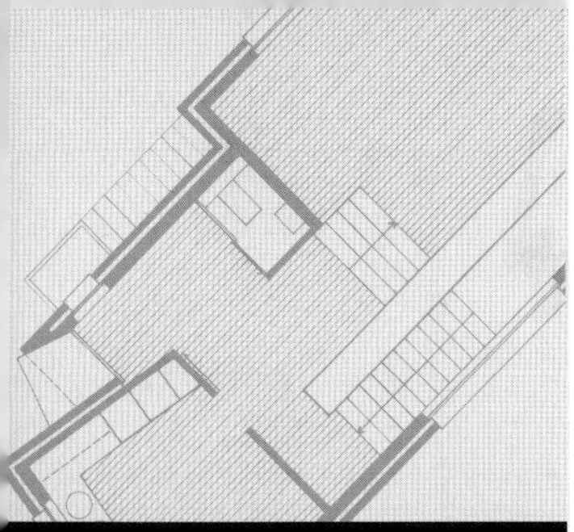

Wohnhaus bei Lugano

Kunst kommt doch von Können – Baukunst auch

Architekten: Giraudi & Wettstein, Lugano

GRUNDSTÜCKSSITUATION

Das Haus sucht seine Bezüge in der Ferne – weniger im direkten Umfeld des an einem Waldrand gelegenen Grundstücks. Der Gebirgszug der Denti della Vecchia im Rücken und der markante Monte Tamaro auf der gegenüberliegenden Talseite bilden die Bezugspunkte in der Landschaft. Senkrecht zu den Höhenkurven ausgerichtet, baut das Gebäude die Beziehung zwischen den Horizonten auf.

ENTWURFSPRINZIP

Der skulptural geformte Baukörper reagiert mit einem durchgängigen gestalterischen Thema auf die Grundstückssituation: die geometrische Abweichung durch Auf- respektive Einklappen einzelner Mauern aus dem orthogonalen System. Der Raum öffnet sich bedingt sowohl durch den Grundriß als auch durch den Schnitt, um den Blick auf die Berge zu weiten, während der Garten als intimer Außenraum durch die gegenteilige Geste stärker an das Haus gebunden wird.

RAUMPROGRAMM UND GRUNDRISS

Durch eine schmale Kerbe, den Eingangsbereich, gelangt man in den Innenraum, der ein fließendes Raumkontinuum darstellt, welches durch die unerwartete Materialisierung überrascht. Roher Sichtbeton und Eichenholz stehen in Kontrast zur fein polierten, verputzten Außenfläche. Der eigentliche Bezug zur Außenwelt wird über die unterschiedlich dimensionierten Öffnungen hergestellt. Während die zwei Hauptöffnungen den Längsschnitt und den oben geschilderten übergeordneten Landschaftsbezug definieren, sind die weiteren Fensteröffnungen als Bilder unterschiedlicher Formate zu verstehen. Sie rahmen präzis gewählte Ausschnitte der Landschaft ein, wie etwa einen alten Kastanienbaum oder den Kirchturm des Ortes.
Ein großes Möbel gliedert den Innenraum, durchdringt das Haus horizontal und vertikal, hat seine Präsenz im Wohnbereich und in den Schlafzimmern und bildet das Rückgrat der inneren Erschließung. Die feine Schreinerarbeit ist farbig lackiert und enthält all die tausend Dinge, welche vom Leben der Bewohner erzählen.

KONSTRUKTION

Das Gebäude ist als Massivbau konzipiert, mit innerer tragender Schale aus Beton, einer Wärmedämmung und einer Backsteinaußenhaut. Auch die nichttragenden Wände sind aus Backstein. Die Innenwände bestehen teils aus Sichtbeton, teils aus gestrichenen Gipswänden. Als Bodenbelag wurde Eichenparkett gewählt, auch die Fenster sind aus Eichenholz, wobei die Fenstersimse aus vorgefertigten Betonelementen bestehen.

Die im Erdgeschoß leicht abgeknickte Fassade betont das in seiner Funktion horstartig verschlossene Obergeschoß.

Wie ein mit Präzisionswerkzeugen bearbeiteter großer Fels wirkt die Rückseite des Gebäudes.

Der Reiz der eigenwilligen kubischen Form wird durch die beleuchteten, tief eingeschnittenen Fenster noch betont. Die unterschiedlichen Fensterformate verraten die pointiert-bildhafte Lichtführung – bis zur Unnahbarkeit.

Kühn wie ein ruckartig verschwenktes Fernglas öffnet sich der Obergeschoßbalkon zur weiten Tallandschaft.

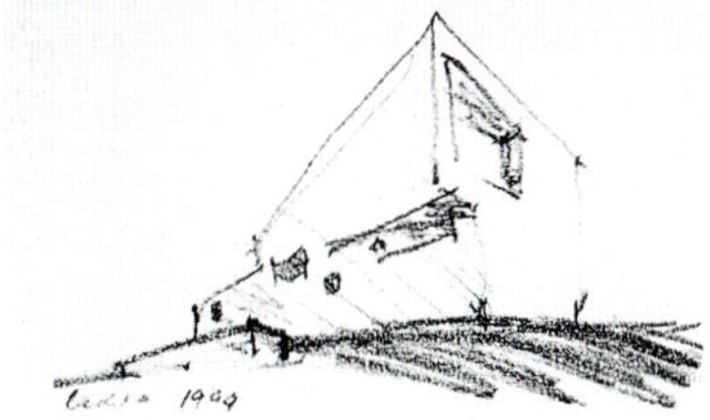

Schon die ersten Skizzen zeigen markant die Entwurfsabsicht, bleiben aber noch im Visionären.

Das aus Stein geschnittene Modell materialisiert die Idee zum fest im Boden verankerten Gebäude. Für die Bauherrn eine unschätzbare Vorstellungshilfe – und zugleich ein kleines Kunstwerk für sich.

Das Entwurfsmotiv der tiefen Einschnitte kehrt auch im Inneren wieder. Seine Steigerung erfährt es durch die Materialgegensätze.

Lageplan 1:1000

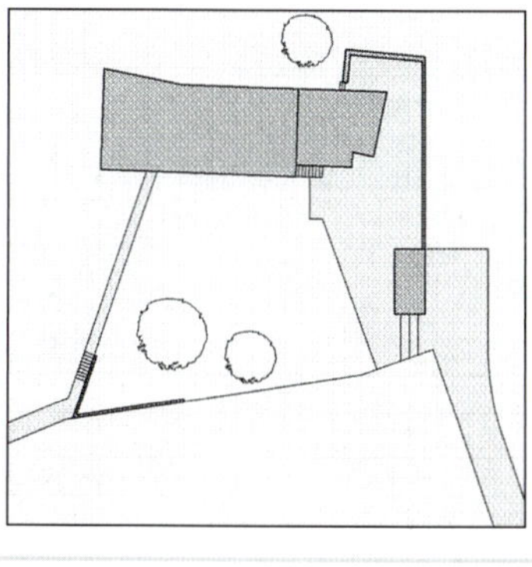

Der Lageplan zeigt, wie sich das Entwurfskonzept im privaten Außenraum fortsetzt und sich mit markanter Geste auf den Ausblick konzentriert.

Carlo Flamigni
I LABORATORI
DELLA FELICITÀ

Oben: Das breite Oberlicht konzentriert den Blick nach Osten auf den Berg.
Das Bücherregal mit seinen Sammlungsnischen dient gleichzeitig als Geländer für die Treppe zur Küche und ins Untergeschoß. Raffinierte Überschneidungen dynamisieren überzeugend den Raumeindruck.

Links: Der Aufgang zum Wohngeschoß.

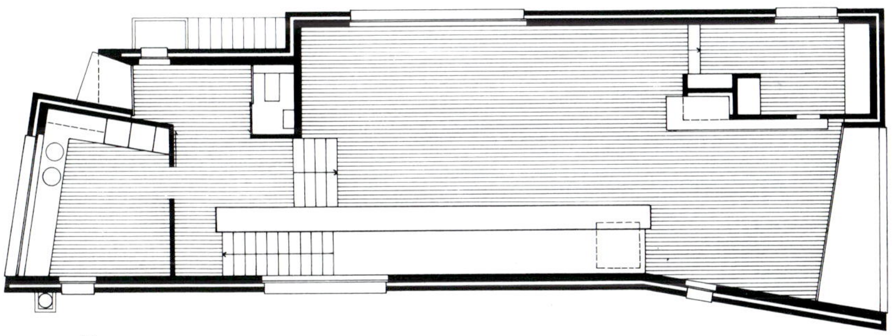

OBERES NIVEAU

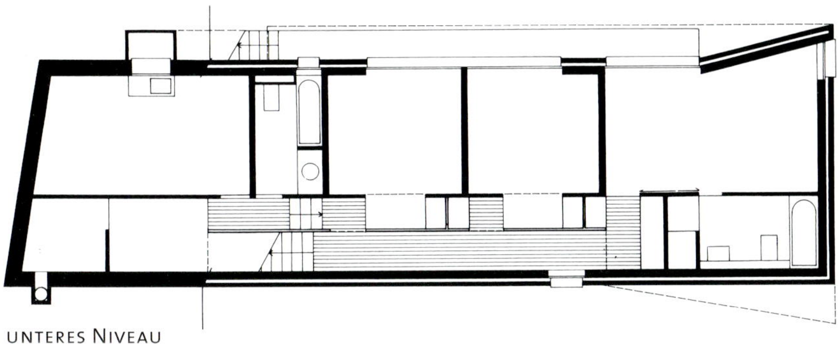

UNTERES NIVEAU

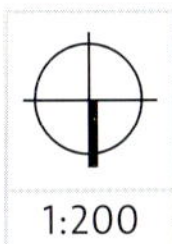

Baudaten

Grundstücksgröße:	800 m^2
Anzahl der Bewohner:	3
Wohnfläche:	180 m^2
Zusätzliche Nutzfläche:	70 m^2
Baukosten je m^2	
Wohn- und Nutzfläche:	DM 2900,--
Eigenleistung:	Keine
Bauzeit:	1996-1997

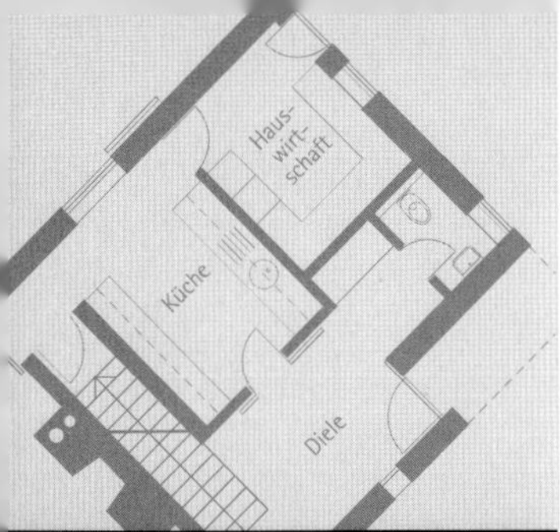

Wohnhaus in Regensburg

Bautradition innovativ umgesetzt

Architekten: Heil & Aichele, München

Baurechtliche Vorbedingungen

Das Haus steht am Rande von Regensburg im sogenannten Außenbereich. An gleicher Stelle befand sich zuvor das baufällige Elternhaus des Bauherrn, das nach dem Zweiten Weltkrieg in Eigenleistung erbaut worden war. Die Genehmigung für den Ersatzbau wurde nur erteilt, weil das neue Haus weitgehend die Umrisse des Altbaus einhält.

Entwurfsprämissen

Da ein Neubau in gänzlich anderen Maßen nicht genehmigungsfähig war, konnte in konstruktiven Gesprächen mit dem Bauamt ein Lösung erarbeitet werden, die eine erweiterte Umbaumaßnahme unter weitgehendem Erhalt der Substanz zuließ. Das Haus mußte in den vorgegebenen Umrissen, insbesondere in der Breite und in der einfachen, steilen Satteldachform erhalten bleiben. Zugeständnisse wurden durch die Genehmigung eines Kniestocks und einer Verlängerung des Gebäudes um einen Meter gemacht.
Bei der Bauausführung hat sich dann gezeigt, daß das Mauerwerk in einem sehr schlechten Zustand war, so daß bis auf den Keller weniger Bausubstanz erhalten werden konnte als ursprünglich vorgesehen war.

Raumprogramm

Das neue Haus dient der Bauherrschaft als Alterssitz. Daher ist das Raumprogramm auf einen Zweipersonenhaushalt zugeschnitten. Im Erdgeschoß befinden sich der große Wohnraum, die Küche und ein Wirtschaftsraum, im Dachgeschoß das Schlafzimmer, das Badezimmer und das Atelier des Bauherrn, der dort seine Malerei pflegt. Das Atelier mit Blick auf die Donau nimmt daher auch einen ganz besonderen Platz im Hause ein. Dem vorhandenen Gewölbekeller, der nun als Weinkeller genutzt wird, wurde ein Heizraum sowie ein Abstellraum hinzugefügt.

Architektur

Der in der Fassadenausbildung fast symmetrische Baukörper wurde ruhig und schlicht gehalten, ohne schattenbildende Vorsprünge oder Dachüberstände. Akzente setzen die beiden Gebäudeeinschnitte auf der Südseite und im Eingangsbereich. Das äußere Erscheinungsbild wird geprägt von hellen Putzflächen, der Dacheindekkung aus Edelstahl, den Aluminiumdeckleisten der Holzfenster und den großen, gelochten und mit Birke furnierten Schiebeläden aus wasserfesten, vollverleimten Holzschichtplatten. Im Inneren herrschen als Materialien weißer Wandputz, Natursteinbelag aus Solnhofener Platten, Buchenparkett sowie die tiefen Fensterlaibungen der Pfosten-Riegel-Konstruktion aus amerikanischer Oregonkiefer vor.

Das Spitzdachhaus ist der Archetypus des Einfamilienhauses. Seine Vorzüge wurden übernommen, alles, was diesen Bautyp in den letzten Jahren so deformiert hat, vermieden. Der Eingang liegt unter der ausgeschnittenen Gebäudeecke, der Zugang zum Hauswirtschaftsraum wurde auf ein reizvoll schlankes Maß begrenzt.
Die im Detail minimierte Westfassade spielt geschickt mit den Proportionen der Positiv- und Negativflächen.

Bei Beleuchtung verrät das Obergeschoß seine Funktion als Atelier mit Oberlicht.

Auch innen dominiert das Spiel mit den Flächen. Jedes Material kann seine spezifische Wirkung in Funktion und Ästhetik gebrauchsgerecht entfalten.

Baudaten

Grundstücksgröße:	3120 m^2
Anzahl der Bewohner:	2
Überbaute Fläche:	120 m^2
Wohnfläche:	160 m^2
Zusätzliche Nutzfläche	
im Keller:	50 m^2
Baukosten je m^2	
Wohnfläche:	DM 3750,--
Baukosten je m^2	
Nutzfläche:	DM 2850,--
Eigenleistung:	ca. DM 25 000,--

Präzisierte und freie Form treffen wohltuend aufeinander.

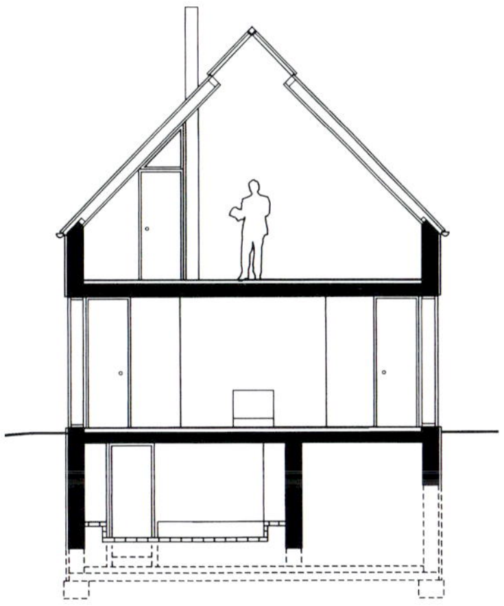

SCHNITT

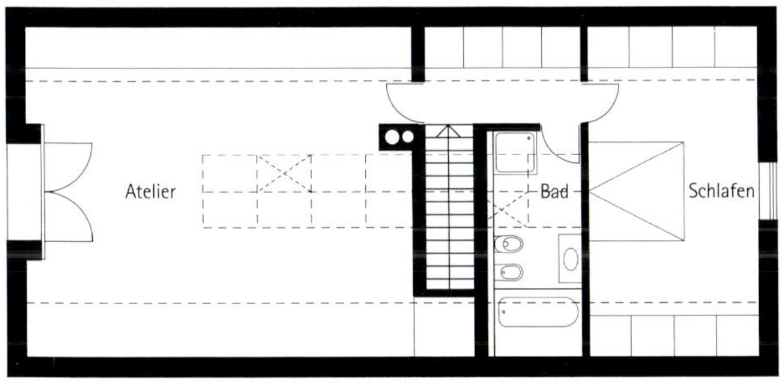

OBERGESCHOSS

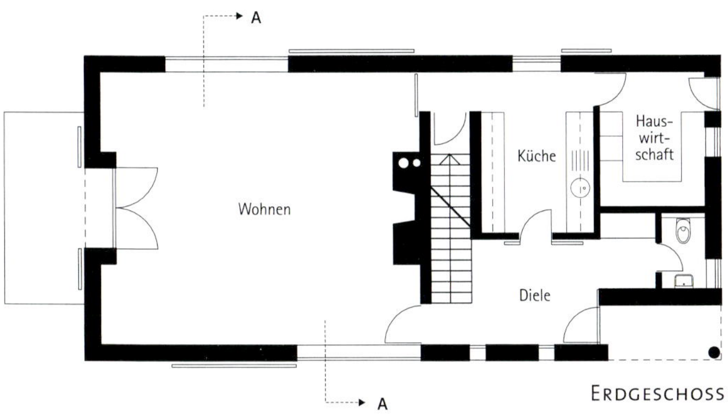

ERDGESCHOSS

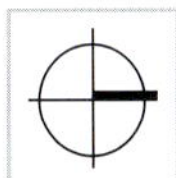

1:200

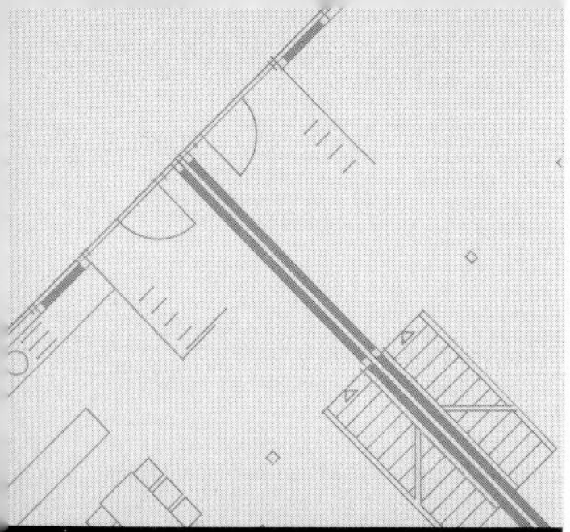

Überzeugende Planung: Doppelhaus „aus zwei mach eins“

Architekt: Werner Bäuerle, Konstanz

Grundstückssituation

Das Gebäude steht am Rande einer Ein- und Zweifamilienhaussiedlung direkt an dem dort beginnenden Naturschutzgebiet. Diese einmalig idyllische Naturlandschaft an den Isarauen findet seine Fortführung im Gesamtkonzept des Hauses wieder. Die Elementierung der Baukonstruktion und die Trockenbauweise als Holzskelett sowie die Verwendung von überwiegend ökologischen Baustoffen unterstreicht das gewollte Zusammenspiel mit der Natur. Der klare Baukörper stellt sich zurückhaltend vor den Waldrand, Raumkonzept, Materialisierung und Gestalt werden von der Umgebung bestimmt. Die vielfältigen Lichtstimmungen sind im Gebäude erlebbar, Innen- und Außenräume gehen ineinander über. Offene Grundrisse, gekennzeichnet durch hohe Flexibilität, bieten die Möglichkeit, die Räume den wechselnden Ansprüchen der Bewohner anzupassen.

Nutzungskonzept

Das Haus war zunächst als Doppelhaus konzipiert. Inzwischen hat jedoch die eine Partei das gesamte Haus übernommen. Aufgrund der flexiblen Holzskelettbauweise war es möglich, ohne großen Aufwand innerhalb nur eines Tages im Erdgeschoß eine Öffnung von zwei Metern Breite herzustellen. So ergab sich in der einen Hälfte eine Wohnebene mit Kochen und Essen und auf der anderen Seite eine Situation nur für das Wohnen. Eine weitere Verbindung wurde im Dachgeschoß hergestellt, so daß die Westseite mit Zimmern genutzt wird, während auf der Ostseite zu den Bäumen hin ein weiterer privater Wohnbereich entstand. Solch ein schonender Eingriff ist nur bei der genannten Holzskelettbauweise möglich, die aufgrund ihrer Stützenkonstruktion keine tragenden Wände benötigt. Bei einer Massivbauweise oder gar Betonwänden wäre dieser Eingriff in bewohntem Zustand kaum tragbar gewesen.

Grundriss - und Raumkonzept

Das Haus wird ebenerdig über eine breite Vorfahrt erschlossen. Vor dem Eingang gelangt man über eine einladende Holzterrasse in den Windfang mit Garderobe. Durch eine Glasschiebetüre wird der offene Wohnbereich mit Blick auf Terrasse und Garten betreten. Eine filigrane Stahl-Holztreppe führt von dort am Koch- und Eßbereich vorbei in das Obergeschoß. Auch auf dieser Ebene besteht über die raumhohe Verglasung Kontakt zu dem hausumfassenden Garten. Der Luftraum im Treppenbereich erstreckt sich über alle drei Ebenen und bildet so den lichten Kern des Hauses. Das großzügige Bad, von Nordosten belichtet und belüftet, befindet sich zentral gelegen zwischen den Schlafräumen.
Über eine freistehende Treppe in dem dreigeschossigen Luftraum wird die Galerie des Dachstudios erschlossen. Der ringsum verglaste Raum läßt unterschiedlichste Nutzungsmöglichkeiten zu: Büro, Fitneß, Musikstudio, Galerie, Wohnraum oder Atelier. Auch hier ist der Bezug zum Garten ständig präsent. Im Dachraum besteht die Option, zusätzliche Sanitäreinrichtungen zu installieren, so daß auch hier eine weitere Schlaf- oder Wohnebene eingerichtet werden kann.

Die Entwurfsbotschaft wird schon in der Plazierung des Gebäudes deutlich: Es spielt eine Gastrolle in der Natur, ohne sie zu vereinnahmen.

Oben: Die gänzlich offene Fassade öffnet sich zum Garten, nutzt die Energieeinstrahlung.

Ursprünglich als Doppelhaus geplant, wird das Haus heute als Einfamilienhaus genutzt. Die beiden Eingänge sind trotzdem willkommen.

Der Austritt zu den seitlich des Gebäudes angeordneten Terrassen.

An der Ostfassade bildet der Carport einen kleinen Hof als Sichtschutz zum Nachbarn.

Der Blick in den offenen Wohnraum. Alles Konstruktive scheint auf das notwendige Maß reduziert.

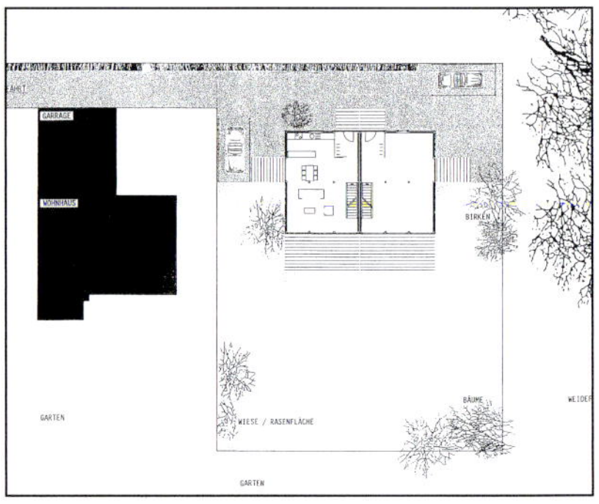

Lageplan 1:1000

Baudaten

Grundstücksgröße:	998 m²
Anzahl der Bewohner:	3/6
Überbaute Fläche:	113 m²
Wohnfläche:	320,5 m²
Zusätzliche Nutzfläche im Keller:	112 m²
Baukosten je m² Wohn- und Nutzfläche:	Keine Angaben
Baubeginn:	April 1997
Fertigstellung:	November 1997

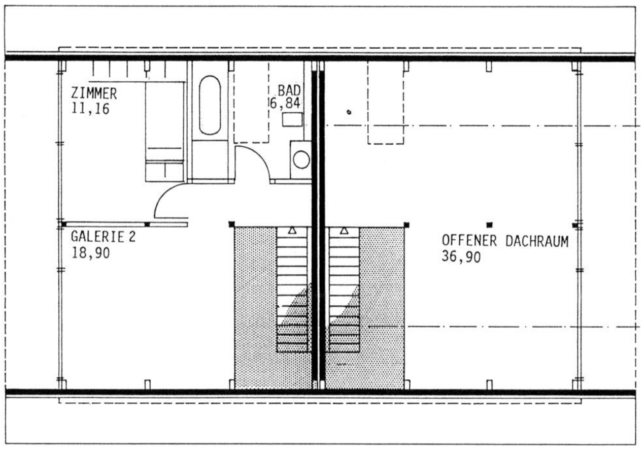

Dachgeschoss

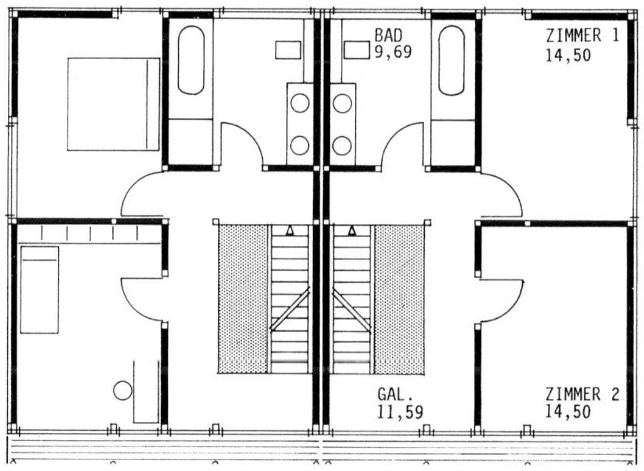

Obergeschoss

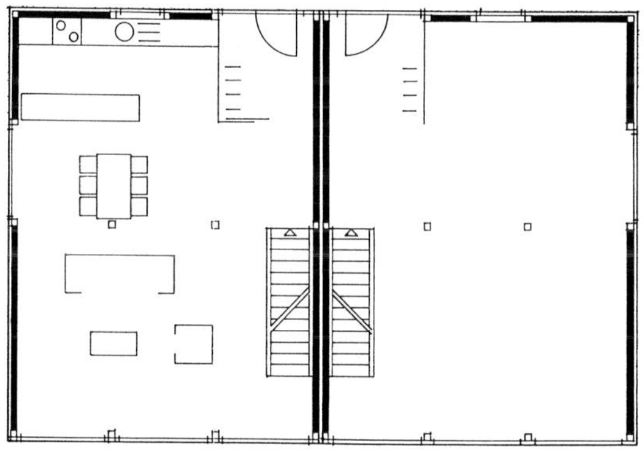

Erdgeschoss

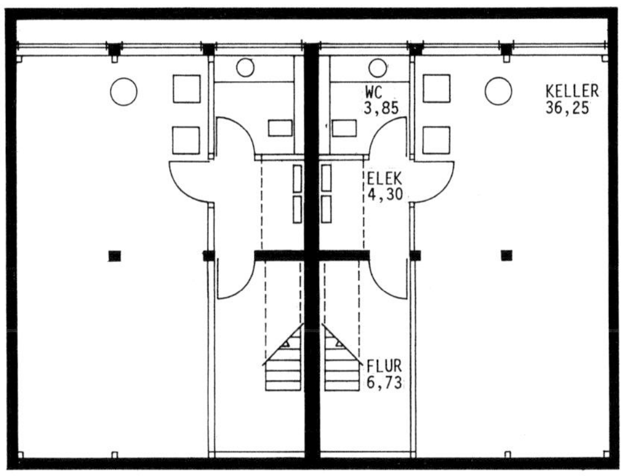

Kellergeschoss

1:200

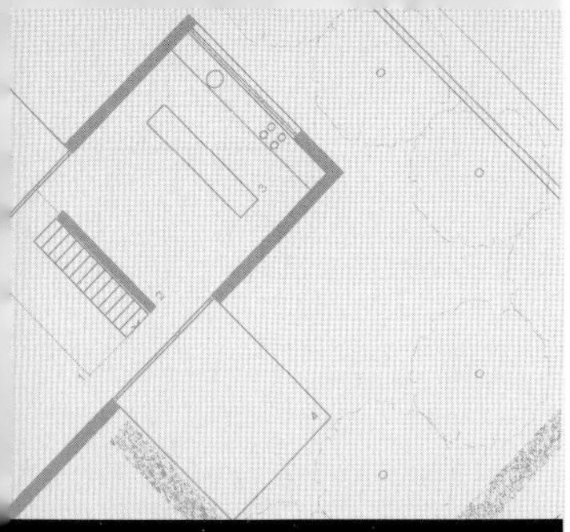

Die hohe Kunst der Einordnung

Architekten: Robert Burri + Dr. Daniel P. Meister, Reiden

Raum und Raumbegrenzung

Die Gebäudeauffassung läßt sich stichwortartig so beschreiben: Ein in der Horizontalen wie auch in der Vertikalen erlebbares Raumkontinuum in einer klaren und einfachen Hülle nach dem Prinzip der „Kiste". Die einzige innere Wand trennt das Volumen in den jeweiligen Geschossen in zwei Zonen: Im unteren Geschoß befindet sich der Keller im Hangbereich, der Wohnraum orientiert sich nach Südwesten. Im mittleren Geschoß sind Wohnraum und Eßbereich situiert, im oberen ein weiterer Wohnraum und der Schlaftrakt.
Die Außenwände sind als fugenlose Hülle konzipiert. So wirkt der Bau als homogener, in das Gelände eingelassener Körper.

Architektur und Wahrnehmung

Das Haus liegt in der Sohle am tiefsten Ort des Hanggeländes. Dabei ist der Baukörper so konzipiert, daß er den größtmöglichen freien Blick auf das Gelände erlaubt. Mit seinem Flachdach und der Situierung des Baukörpers – über 2/3 des Untergeschosses liegen unter dem Terrain – ergibt sich die geringstmögliche Gebäudehöhe. Auf diese Weise ordnet sich das Haus der Umgebung unter, will nicht dominieren. Mit der Fassadengestaltung von nur zwei Fensteröffnungen wirkt der Bau zur Straße hin trotz seiner drei Geschosse nur als zweigeschossiges Haus. Insgesamt tritt das schmale und mit dem Flachdach niedrig gehaltene Haus dadurch in der parkähnlichen Umgebung mit Bäumen und großen Büschen kaum in Erscheinung.

Oben: Nur zwei Geschosse ragen aus dem Hang heraus, und dennoch ist die Einordnung in die Umgebung selbstbewußt, Proportionen und Detaillierung sprechen für sich und legitimieren überzeugend die Abkehr vom Satteldachhaus. Gleichzeitig überläßt das Gebäude den historischen Großformen der Umgebung die Dominanz.

Links: Die Anlage mit oberem Garten und der Erschließung über das Hanggeschoß, in dem auch die Garagen liegen.

Der asymmetrisch angelegte Treppenholm verleiht der Konstruktion eine verblüffende Leichtigkeit, ohne fragil zu wirken.

Der Blick über den gebäudetiefen, offenen Grundriß im Erdgeschoß.

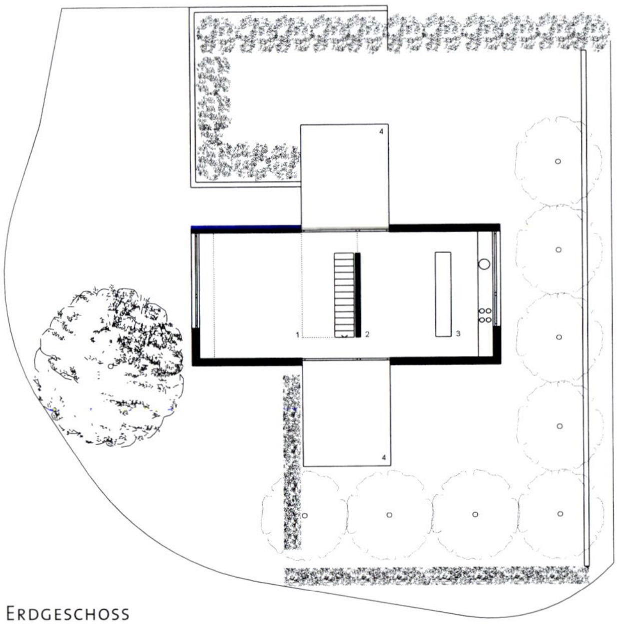

Erdgeschoss

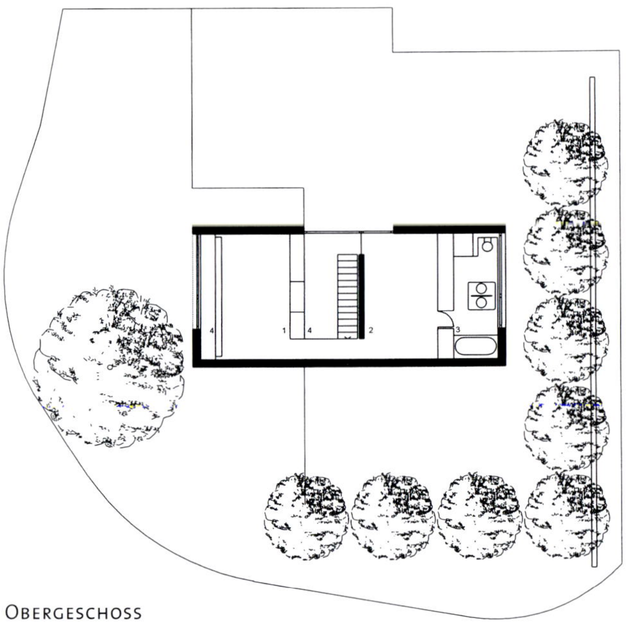

Obergeschoss

Baudaten

Grundstücksgröße:	514 m²
Anzahl der Bewohner:	2
Wohnfläche:	155 m²
Zusätzliche Nutzfläche:	65 m²
Baukosten je m²	
Wohn- und Nutzfläche:	DM 3320,--
Baukosten je m³:	DM 710,--
Baujahr:	1998

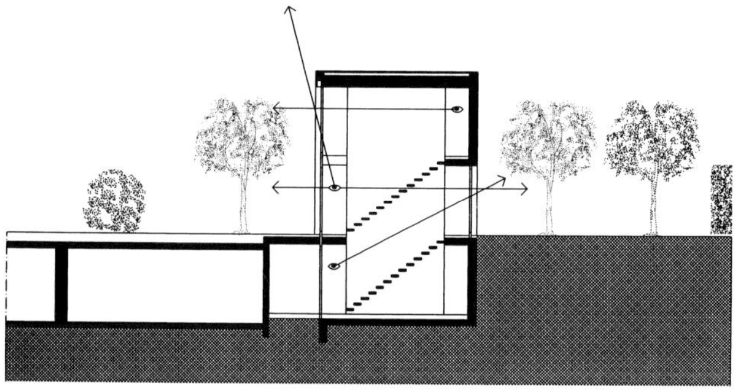

Querschnitt

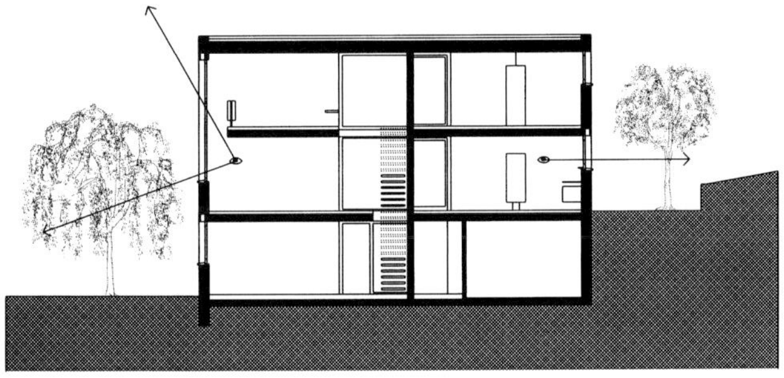

Längsschnitt

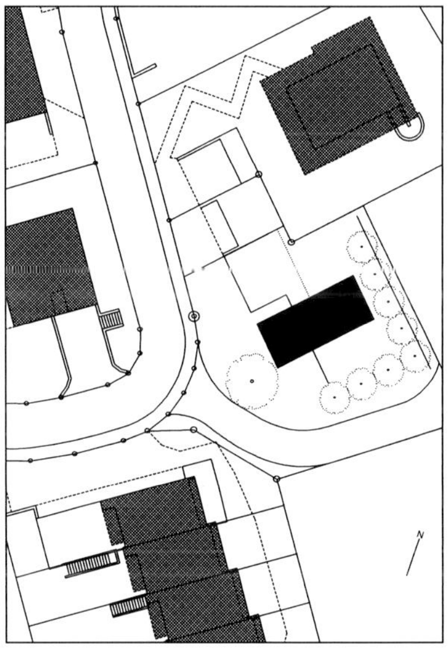

Lageplan 1:1000

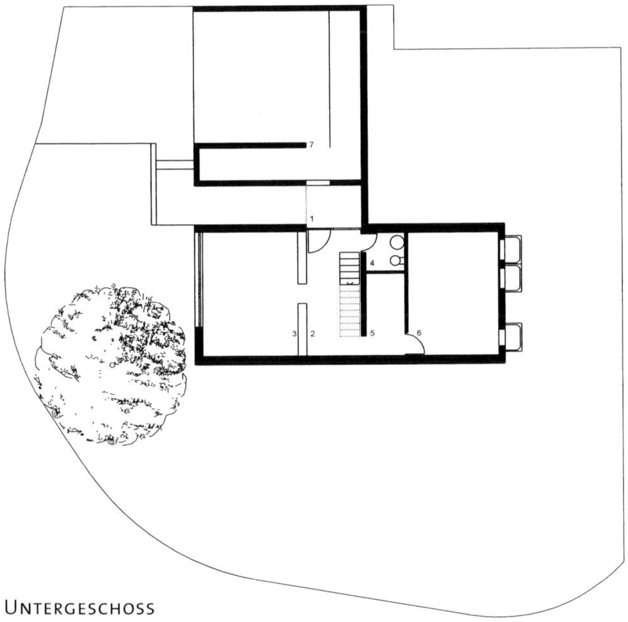

Untergeschoss

1:300

Wohnhaus in Wien

Die Moderne überzeugend interpretiert

Architekt: Georg Driendl, Wien

Ausgangssituation

Das Gebäude stellt die Hälfte eines Doppelhauses dar, das in den dreißiger Jahren von einem Schüler des bedeutenden Architekten Adolf Loos geplant worden war. Zur Straßenseite zeigt es sich fast hermetisch geschlossen und wies ursprünglich, wie man an der anderen, unveränderten Hälfte erkennen kann, zum Garten hin eine kleinteilige Fassade auf, die wenig Bezug zur umgebenden Natur herstellte. Um dieser Tatsache entgegenzuwirken und ein in dieser Form in einer Stadt selten realisierbares Wohnen inmitten der Natur zu ermöglichen, wurde die südseitige Gartenfassade in der Mitte auseinandergeschnitten und die eine Hälfte des Doppelhauses vollständig geöffnet. Mit einer grazil wirkenden Stahl-Holz-Glas-Konstruktion entstand ein zur Gänze verglaster Baukörper, der die alte Bausubstanz in der Tiefe erweitert und durch maximale Transparenz Licht und Garten in das Haus mit einbezieht.

Realisierung

Durch das Einsetzen von Stahlträgern wird das alte Bauwerk an den Schnittstellen so unterstützt, daß dabei die ursprüngliche Struktur des Baukörpers mit Böden und Wänden als Konturen sichtbar bleibt; gleichzeitig ermöglichen die Träger die freien Verbindungen und Übergänge zwischen Alt und Neu.

Die Leichtigkeit der gesamten Konstruktion wird noch zusätzlich durch den Luftraum verstärkt, der sich über die gesamte Hausbreite erstreckt und die beiden unteren Geschosse miteinander verklammert. Er birgt eine Wendeltreppe, die von der Küche mit Eßzone zum darüberliegenden, mit einer Galerie begrenzten Wohnraum führt.

Die Großzügigkeit und Klarheit der Räume wird durch eine eigens angefertigte Innenausstattung wie Küche, offener Kamin, Bibliothek, Garderobe und Schrankräume , die als verschiebbare Raumteiler fungieren, intensiviert. Obwohl die meist unbehandelten Oberflächen der verwendeten Materialien Glas, Holz und Stein durch ihre beabsichtigte herb-rauhe Schönheit das Erscheinungsbild der Innenräume mitbestimmen, bleibt den Bewohnern dennoch genügend Frei- und Spielraum für zusätzliche Einrichtung.

Die intensive Beziehung des Innenraumes zum Außenraum setzt sich auch im obersten Stockwerk fort und findet hier, wo Schlafraum und Bad untergebracht sind, ihren Höhepunkt. Der direkt an die fast zur Gänze öffenbare Fassade angrenzende Schlafraum sowie der vor dem Bad befindliche, nach außen gelegte Balkon, geben den Blick – auch vom Bett und der Badewanne aus – in die Baumkronen frei.

Vorangehende Seite: Die Gartenfassade wirkt wie eine große, in Segmente gegliederte Glasscheibe – welcher Kontrast zur traditionellen Rückansicht des Nachbarhauses mit seinem massiven Gefüge aus Wandscheiben und kleinen Fensteröffnungen.

Rechts: Die vorgezogene Fassade schafft den über zwei Geschosse reichenden Luftraum. Die Wendeltreppe verbindet die beiden Wohnebenen.

Daneben: Der eingezogene Stahlrahmen trägt die Decke, Unterzug und Spindeltreppe, gleichzeitig ist er Raumteiler im Erdgeschoß.

Das Obergeschoß mit dem gläsernen Podest vor der Treppe.

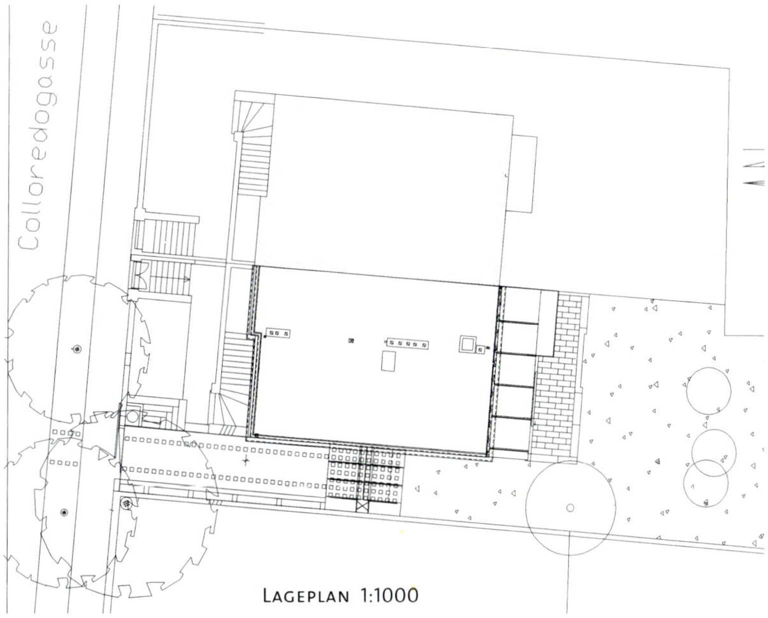

LAGEPLAN 1:1000

Links: Im oberen Schlafgeschoß gibt die gläserne Decke den Blick in den Himmel frei.

Daneben: Die Kaminwand des oberen Wohnraumes.

Das Gäste-WC verschwindet hinter der verschiebbaren Spiegelwand.

Impressionen aus dem raffiniert minimalistisch gestalteten Bad im Obergeschoß. Die Heizung bildet die Badewannenfront – überall sonst hätte sie gestört.

Die offene Küche im Erdgeschoß hinter dem stählernen Raumteiler. Die Raumzonen werden auch durch den unterschiedlichen Bodenbelag separiert.

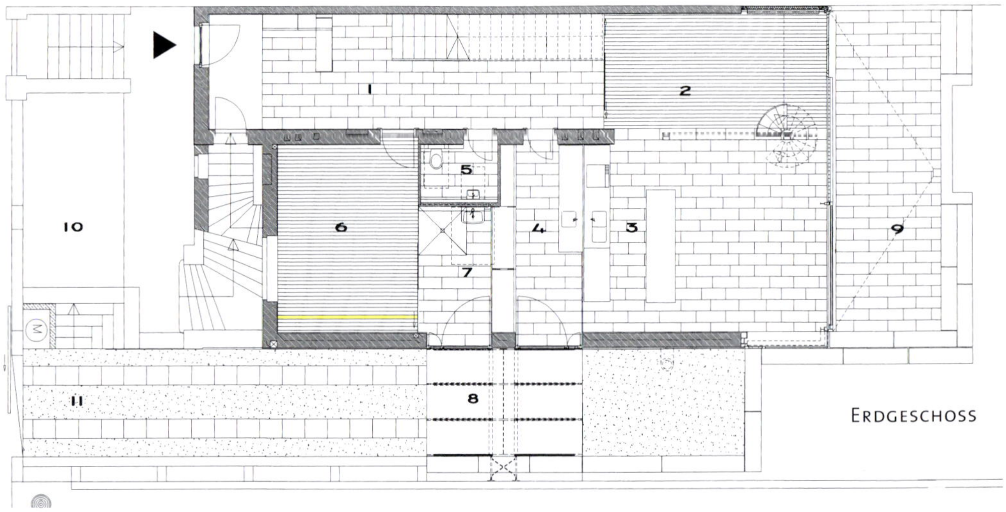

Erdgeschoss

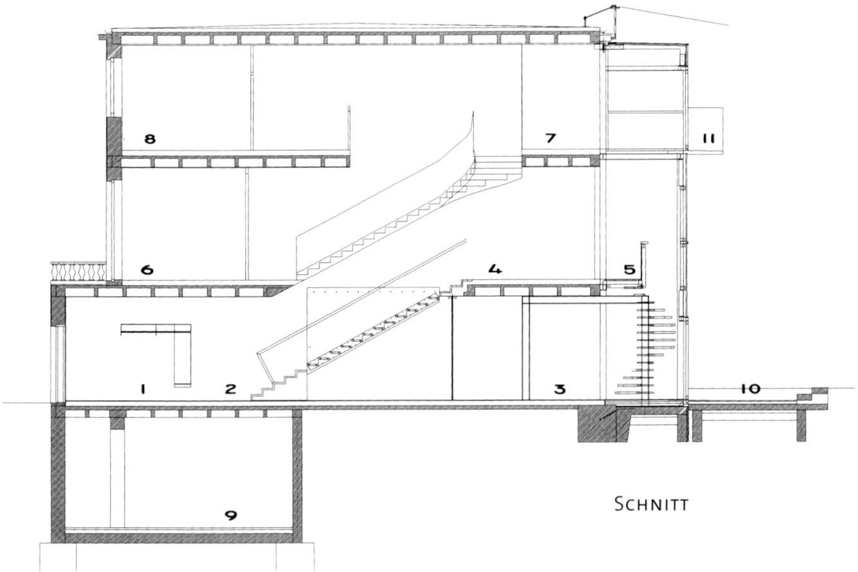

Schnitt

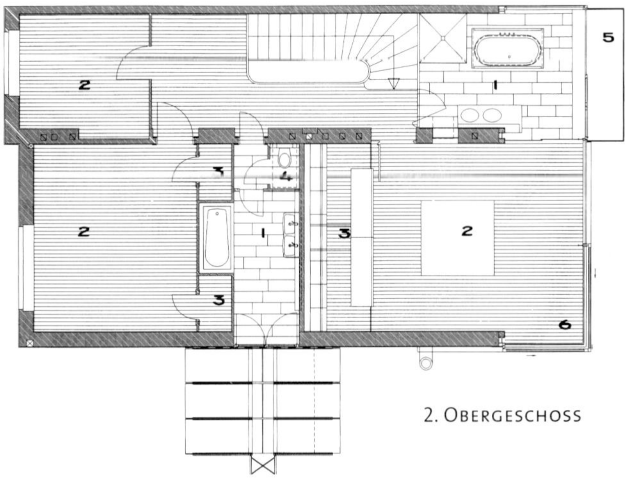

2. Obergeschoss

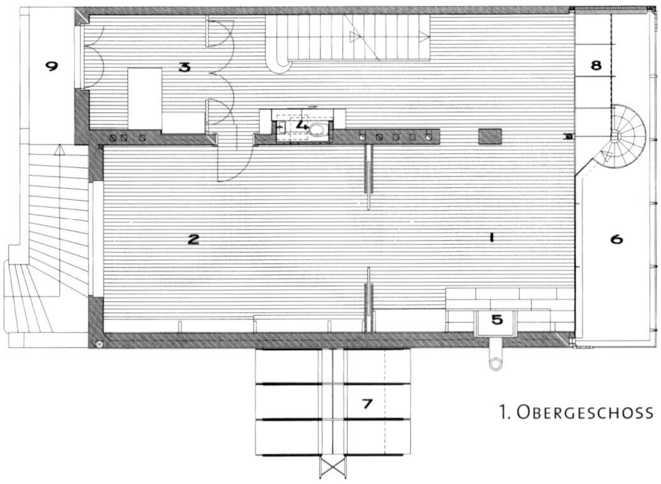

1. Obergeschoss

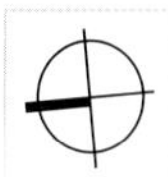

1:200

Baudaten

Grundstücksgröße:	800 m²
Anzahl der Bewohner:	4
Wohnfläche:	300 m²
Zusätzliche Nutzfläche im Keller:	50 m²
Baukosten je m² Wohn- und Nutzfläche:	DM 1850,--
Eigenleistung:	Keine
Bauzeit:	Fünf Monate
Baujahr:	1997

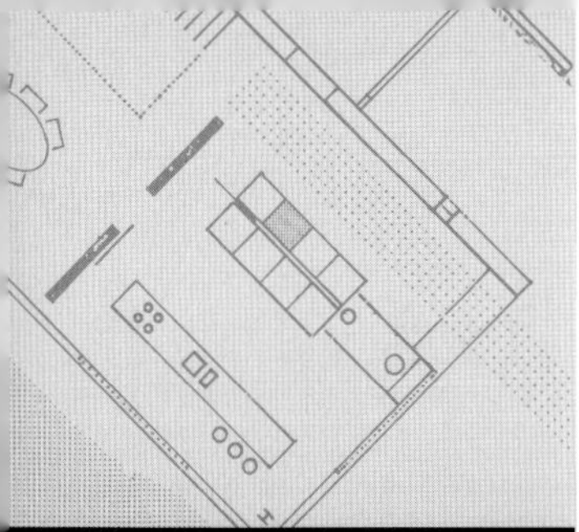

Wohnhaus in Bergisch-Gladbach

Klares Bekenntnis zur Moderne

Architekt: Michael Drüe, Köln

Entwurfskonzept

Das schmale Grundstück mit Ost-West-Ausrichtung erlaubte eine maximale Baubreite von nur 6,5 Metern. Unter diesen Rahmenbedingungen wünschten sich die Bauherren einen klaren, einfachen Baukörper, dessen Raumkonzept von den wechselnden Tageslichtqualitäten und der direkten Besonnung geprägt wird.

Die Nordseite des Hauses ist weitgehend durch eine verputzte, hellgelb gestrichene Wandscheibe geschlossen, die auch im Inneren auf allen Ebenen über die gesamte Hauslänge sichtbar ist. Durch das Glassteinoberlicht in der Mitte des Hauses fällt Sonnenlicht auf diese Wand und wird über die offenen Lufträume und die filigranen Treppen bis ins Untergeschoß reflektiert. Im Gegensatz zu der geschlossenen Wand sind die Ost-, Süd- und Westfassade im Erd- und Obergeschoß leicht und transparent ausgebildet, das Erdgeschoß ist großflächig verglast. Auf diese Weise werden die angrenzende Pergola mit der Frühstücksterrasse und der Teich in die Wohnebene einbezogen. Den räumlichen Abschluß bildet die Sichtbetonwand an der Grundstücksgrenze. Neben dem Bewuchs der Pergola sorgen außenliegende Schiebeelemente aus Metallamellen für Sicht- und Sonnenschutz. Das Obergeschoß, eine vorgefertigte Holz-Ständer-Konstruktion, ist mit unbehandeltem Red-Cedar-Holz verkleidet. Das fast über die ganze Fassade reichende Oberlicht erhellt die Räume angenehm, seine 1,5 Meter hohe Brüstung sorgt für den nötigen Sichtschutz in Bad und Schlafräumen.

Grundriss

Erschließung entlang der geschlossenen Wandscheibe von Osten.

Durchblick vom Eingang über die ganze Hauslänge bis in den Garten.

Ein Küchen- und Garderobenschrank teilt den vorderen Bereich in Küche und Eingang.

Die Küche läßt sich von Eßraum und Flurzone über Schiebetüren abteilen.

Das Zentrum des Hauses bildet dieser Eßbereich mit der Treppe, dem Deckenausschnitt und dem Oberlicht als Licht- und Sonnenquelle.

Zwei raumhohe Sichtbetonscheiben gliedern die Wohn- und Schlafgeschosse, der Umluftkamin ist als einfache Feuerungsöffnung in die Außenwand eingelassen.

Die einläufige Treppe führt ins Obergeschoß auf die Arbeitsgalerie, von der aus die beiden gleich großen Schlafzimmer zu erreichen sind.

Im Untergeschoß trennen die Sichtbetonwände den Wohnbereich vom Schlafraum und den Funktionsräumen Bad und Hausanschlußraum.

Die Querseite des Gebäudes, wie man sie so nur vom Nachbargrundstück aus sieht.

Der Blick vom Wohnraum über die Terrasse in die Tiefe des Gartens.

Die Anordnung der Küche folgt der Tiefe des Grundrisses. Im Mittelteil liegen Eßplatz und Treppenaufgang.

Im Bereich der Treppe schafft der Deckenausschnitt die beeindruckende Großzügigkeit in der Vertikalen. Stütze und Wandscheibe trennen den Wohnraum optisch ab.

Das streng detaillierte Bad im Obergeschoß. Bei Dunkelheit ersetzt das Lichtkonzept den Blickkontakt nach Osten.

Rechts: Von außen lassen sich die Grundriß-, Raum- und Lichtqualitäten im Inneren nur ahnen. Welcher Effekt mit so wenig Mitteln.

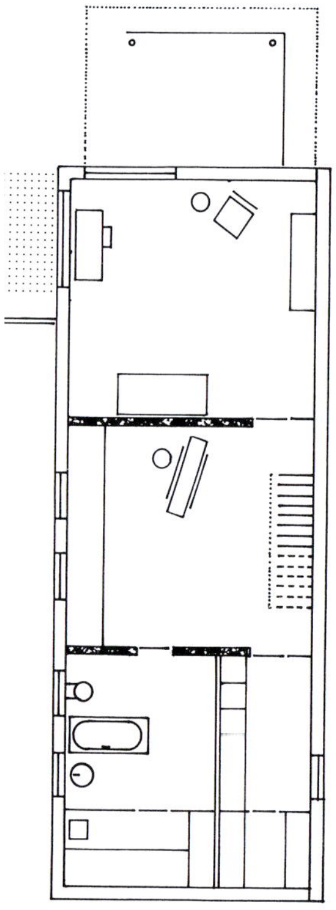

UNTERGESCHOSS

Baudaten

Grundstücksgröße:	600 m²
Anzahl der Bewohner:	3-4
Wohnfläche:	227 m²
Zusätzliche Nutzfläche in Keller und Garage:	35 m²
Baukosten je m² Wohn- und Nutzfläche:	DM 2300,--
Eigenleistung:	Teilleistungen bei Maler-, Bodenbelags- und Gärtnerarbeiten
Baujahr:	1996

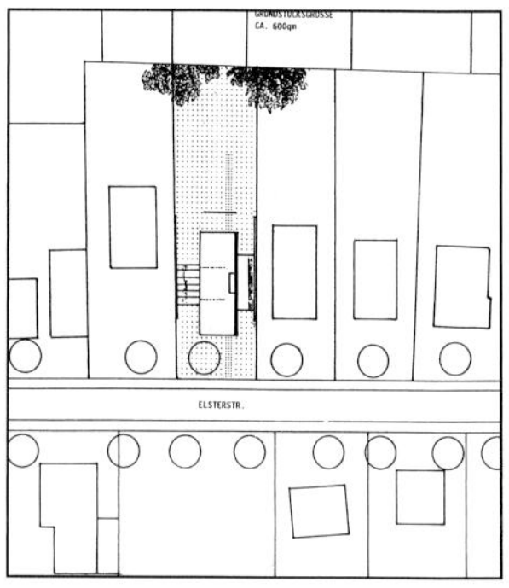

Lageplan 1:2000

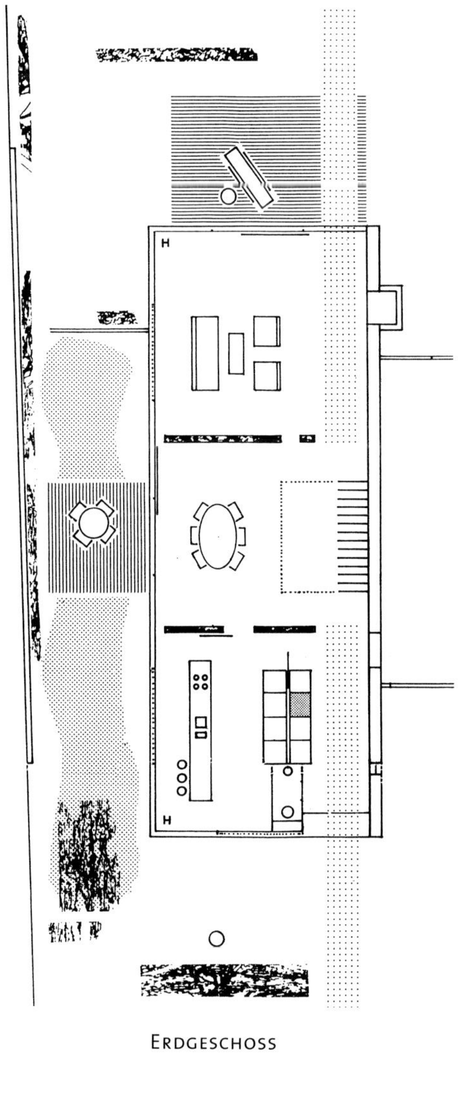

Erdgeschoss

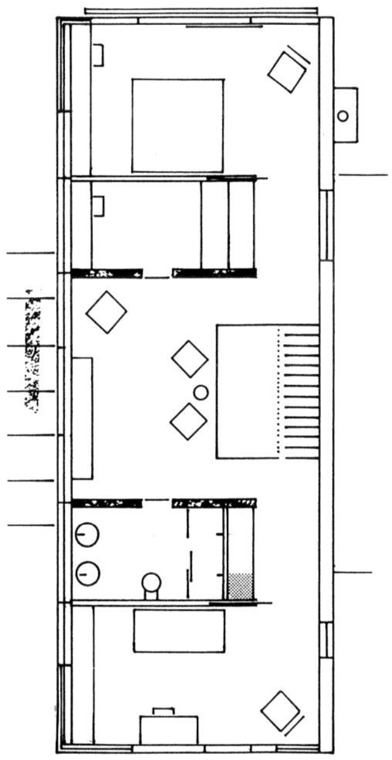

Obergeschoss

1:200

Ein Haus tanzt aus der Reihe

Architekten: Dzino & Dzino, Wien

Grundstückssituation

Das Grundstück ist eben, nahezu rechteckig und nach Süden ausgerichtet, die an der Straße gemessene Breite beträgt 18 Meter. Es ist beidseitig gesäumt von winkelartigen Gebäudetrakten, deren 5-6 Meter hohe Brandmauern für das Grundstück gleichsam eine Atriumsituation bilden.

Baurechtliche Bedingungen

Da der Bauplatz in einem sehr geschlossen verbauten Abschnitt der Straße liegt, konnte eine entsprechende Bebauung durchgesetzt werden, obwohl die Bauvorschriften eine offene Bauweise vorsahen. Die Verfahrensdauer belief sich auf ein Jahr. Die Umwidmung in eine geschlossene Bebauung brachte nicht nur den Vorteil einer Realisierung des Baus nach den Plänen des Architekten, sondern steigerte auch den Wert des Grundstücks durch die nunmehr erlaubte größere Gebäudehöhe und -tiefe.

Raumprogramm und Grundriss

Aus Gründen einer flexibleren Raumhöhe für das Obergeschoß und einer unzureichenden Sonneneinstrahlung in den Wintermonaten im Erdgeschoß wurden die Wohn- und Aufenthaltsräume ins Obergeschoß, die Schlafräume in das Erdgeschoß verlegt. Nicht zuletzt bedeuten die Schlafräume im Erdgeschoß aufgrund der geringeren Raumhöhe und Fassadenfläche sowie der Luftzirkulation für die Sommerzeit eine kühlere Schlafumgebung.
Das Erdgeschoß betritt man durch eine über die gesamte Gebäudetiefe reichende Eingangshalle, die auch als zentrale Verbindung von der Straße zum Garten dient. Östlich davon befindet sich der Kindertrakt, bestehend aus drei Zimmern, die durch weit öffnende Schiebetüren miteinander verbunden sind, sowie Bad, WC und ein offener Schrankraum. Westlich der Halle ist der Elternbereich situiert, der sich in Zukunft auch als Einliegerbereich abtrennen läßt. Über eine angewendelte Treppe betritt man im Obergeschoß das Wohnzimmer, in das, wie ein Möbelstück, ein offener Küchenbereich eingestellt wurde. Oberhalb des Küchenbereiches befindet sich ein weiterer Teil des Wohnraumes, der als Bibliothek und Galerie genutzt wird. Zugänglich ist er über ein besteigbares Regal an der Küchenrückseite. Von der Galerie kann man von einem kleinen Balkon aus den Garten überblicken oder über eine Wendeltreppe auf die Dachterrasse gelangen.
Über die gesamte Breite des Wohnraumes erstreckt sich ein Balkon mit direktem Zugang über eine Außentreppe zum Garten.
Das Erdgeschoß ist unterkellert, hier befinden sich Waschküche, Abstell- und Erweiterungsflächen, die für Sauna, Fitneß oder auch von den Kindern genutzt werden.

Architektur, Form, Detail

Der zur Straßenseite eher verschlossen wirkende Bau öffnet sich zum Garten mit einer durchgehenden Glasfassade und wird auf diese Weise optisch wie funktional als zusätzliche Wohnfläche einbezogen. Der Baukörper ist rechteckig, die Zimmer den Fensterachsen entsprechend nach Süden ausgerichtet. Durch den über die gesamte Straßenbreite reichenden, nur acht Meter tiefen Bau wurde versucht, möglichst viel von der Gartenfläche zu erhalten. Das Haus überspannt ein nach Süden ausgerichtetes flach geneigtes Pultdach, dessen Unterseite im Wohnraum ablesbar ist. Alle Innen- und Außentüren sind raumhoch ausgeführt, um die Großzügigkeit der räumlichen Situation noch zu steigern.

Konstruktion

Die tragenden Mauerteile wurden aus Hochlochziegeln errichtet, die Stützen an der Südfassade aus Stahlbeton. Die nichttragenden Bauteile an der Südfassade bestehen aus einer Holz-Pfosten-Riegelkonstruktion, auch die Fenster wurden in Holz ausgeführt. Die Zwischenwände wurden in Trockenbauweise erstellt, den Fußboden bilden großformatige Birken-Sperrholzplatten. Die Halle dagegen bekam einen ungeschliffenen Boden aus Schieferplatten.

Nur zwei Lichtschlitze, ein Fenster und eine Tür; sinnvoll, aber unkonventionell angeordnet wird daraus eine überzeugende Fassade.

Die in Schlitzen zurückversetzten Fenster betonen die Distanz zur Straße, der kleine Vorgarten versucht sie aufzuheben – eine Geste nur, aber wirkungsvoll, weil sie einen eigenen Raum vor dem Haus schafft.

Die beiden Balkone zeigen die Dreigeschossigkeit auf der Gartenseite an, die über die ganze Fassadenfläche verglast ist.

Beidseitig von hohen Brandmauern eingefaßt, ist der Balkon vor der Fassade vor Einblicken geschützt.

Unten links: Blick in die Wohn- und Eßebene im ersten Obergeschoß. Im Hintergrund die Küche und der Aufgang zur Galerie.

Unten rechts: Der Eßbereich mit der zum Wohntrakt hin offenen Küche unter der Galerie gewinnt seinen Reiz durch die weiten Blickbezüge im Hausinneren und nach draußen in den Gartenhof.

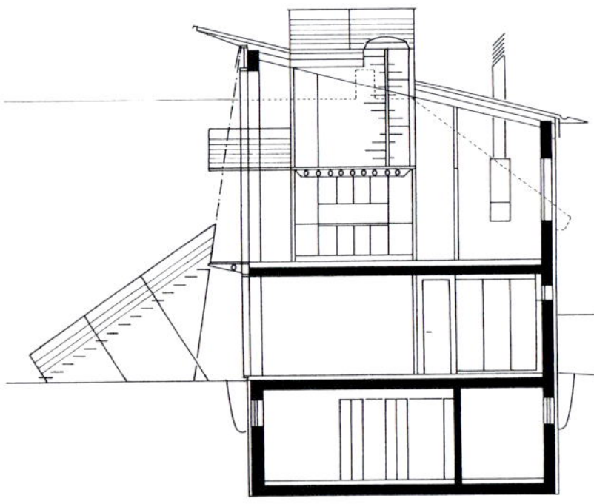

Schnitt-Westen o.M.

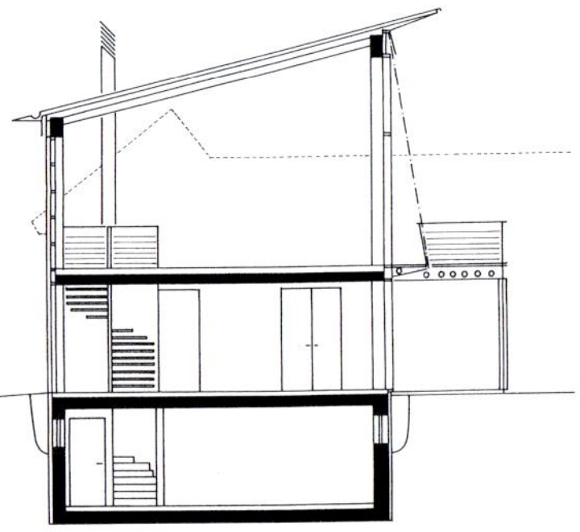

Schnitt-Osten o.M.

Der hohe Wohnraum erfährt seine optische Erweiterung durch den horstartigen Bezug zum Garten und den Blick in die umgebende Stadtlandschft.

Lageplan o.M.

Die Treppe als Bücherregal – sie führt mit minimalistischem Geländer hinauf zur Lesegalerie.

Unten: Der Eingangsbereich verbindet über die steinerne Straße den Außen- mit dem Gartenraum. Rechts und links liegen die separierten Schlaftrakte, die Treppe führt nach oben ins Wohngeschoß.

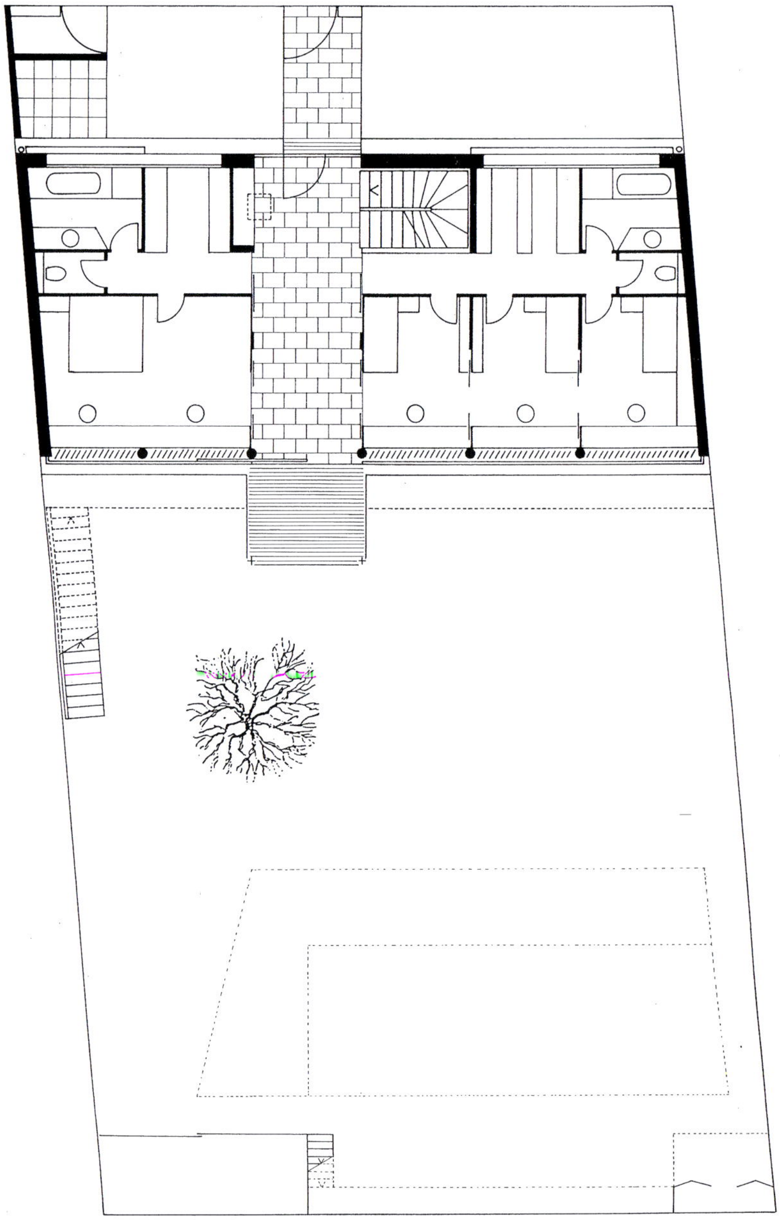

ERDGESCHOSS

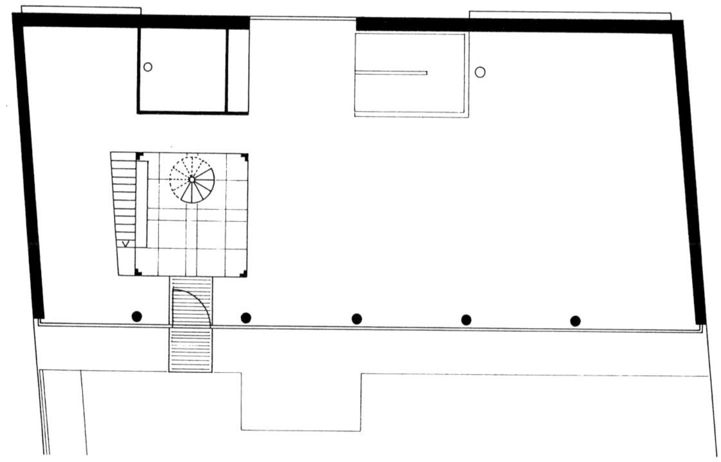

Galerie

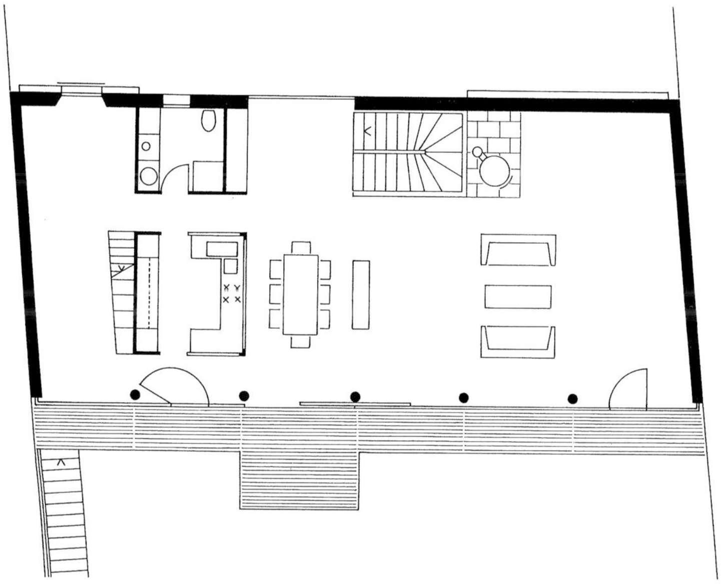

Obergeschoss

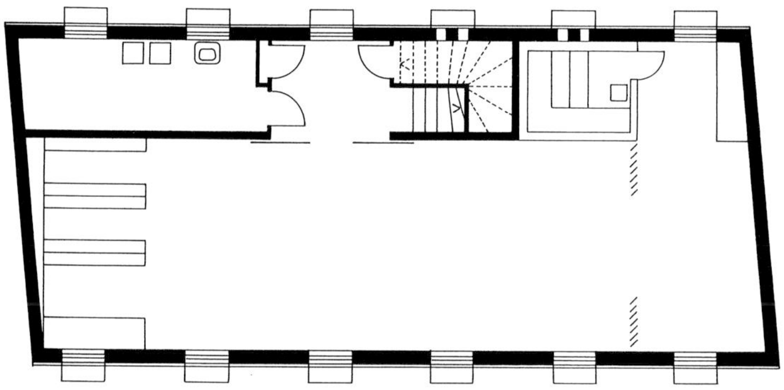

Kellergeschoss

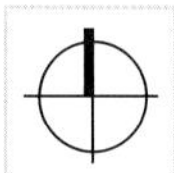

1:200

Baudaten

Grundstücksgröße:	693 m^2
Anzahl der Bewohner:	5
Überbaute Fläche:	120 m^2
Wohnfläche:	262 m^2
Zusätzliche Nutzfläche	
im Keller:	120 m^2
Baukosten je m^2	
Wohn- und Nutzfläche:	DM 2300,--
Eigenleistung:	ca. DM 85 000,--
Bauzeit:	Acht Monate
Baubeginn:	April 1997
Fertigstellung:	November 1997

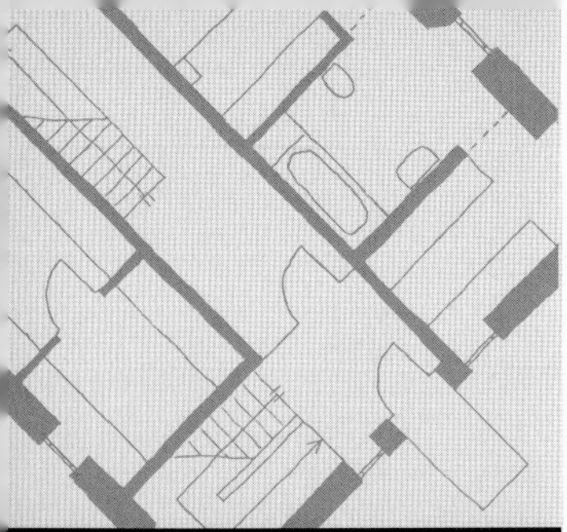

AUSZEICHNUNG

Wohnhaus im Altmühltal

Traditionelle Baukultur zeitgenössisch interpretiert

Architekt: Paulus Eckerle, Ingolstadt

Entwurfsprämissen

Bei der Anlage des Hauses wurde auf traditionelle, in der Region gewachsene und von dort ansässigen Handwerkern geschaffene Bauformen zurückgegriffen. Nicht als Kopie, sondern als eigenständige Fortsetzung der Tradition, angereichert mit modernen Elementen aus Stahlbeton, Stahl und Glas. Die bewußte Reduktion bei Gestaltung und Konstruktion bleibt als Stilmerkmal erhalten.

Realisierung

Das Anwesen liegt in der Dorfmitte in unmittelbarer Nähe zur Kirche. Es mußte sich sensibel in die vorgefundene Struktur einfügen und die Aspekte des Denkmalschutzes beachten. Die Vorgaben des Bauherrn führten zu einer neuen Interpretation der traditionellen Hofstelle im Altmühl-Jura. Die Neubauten korrespondieren als zeitgerechte Weiterführung in der Ortsmitte mit der dorfbildprägenden Gebäudegruppe eines alten Bauernhofes am Ortseingang.

Konstruktion

Die Konstruktionen orientieren sich alle an den Überlieferungen regionalen Handwerks, die neuzeitlich übersetzt wurden. Ihre hervorstechenden Besonderheiten sind: Ziegelmassivbau, Kniestock, Ankerbalkenzimmerung, flach geneigtes Dach, Dachhaut aus grauem Tegalit in Anlehnung an das traditionelle Legschieferdach, knappe Ortgangausbildung und Traufe mit stehender Rinne. Dominierendes Material außen wie innen ist der heimische Jurakalkstein in unterschiedlicher Verarbeitung und Form. Der helle Naturstein prägt das Gesicht des Anwesens, von den handgefertigten Stufen, Bodenplatten und Fensterbänken bis hin zur Eingangsgestaltung mit seiner Rampe oder dem Brunnen im Innenhof. Sämtliche Konstruktionen wurden wie früher nicht ausschließlich auf dem Reißbrett, sondern in Zusammenarbeit und in Absprache mit den ausführenden Handwerkern entwickelt.

Hier wurde eine Synthese, besser eine Symbiose moderner Wohnansprüche mit regionaler Kultur und Baukunst angestrebt, die zum Nachdenken und zur Nachahmung anregt. Für das Baugewerbe kann es neue Impulse geben, traditionelle, regional gewachsene Handwerkstechniken neu zu interpretieren.

Zeitgenössische Nutzungen erfordern neue Gebäudetypen – wie die Garage, die eben keine Remise mehr ist.
Auch heutige Nutzungen profitieren vom Prinzip der teilgeschlossenen Hofanlage. Vor allem aber ist diese Bauform kein Fremdkörper im Gesamtensemble der tradierten dörflichen Architektur.

Der rückwärtige Teil der Garage dient als überdachter Sitzplatz.

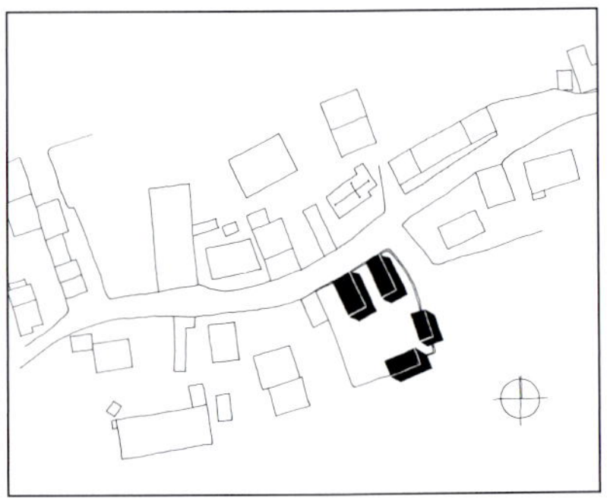

Lageplan o.M.

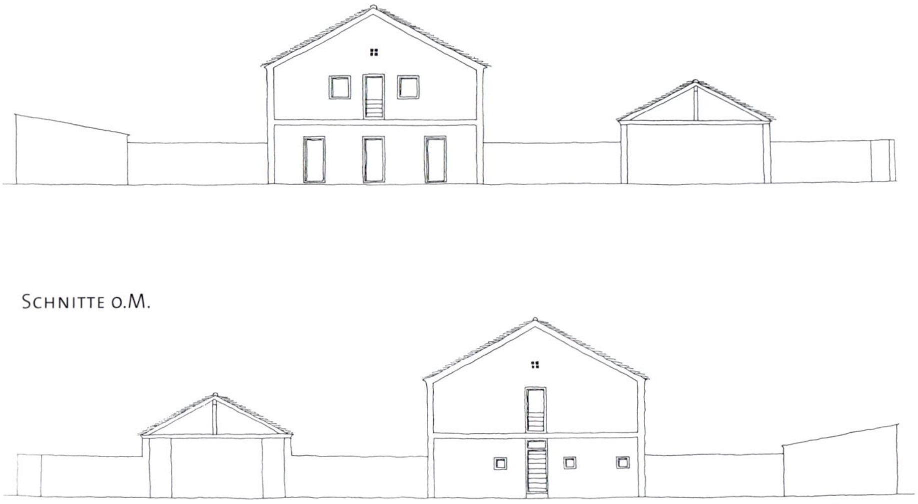

Schnitte o.M.

Unten: Neuartige Proportionen im Erscheinungsbild des Dorfes weisen auf den Umbruch in der Nutzung hin. Der lange Fensterschlitz beleuchtet das Treppenhaus an der Straßenseite.

Unten rechts: Faszination Volumen – der offene Dachstuhl mit sichtbarer Konstruktion reicht fast über die gesamte Grundrißtiefe und verleiht dem Bau Großzügigkeit.

Baudaten

Grundstücksgröße:	1400 m²
Anzahl der Bewohner:	5
Wohnfläche:	280 m²
Zusätzliche Nutzfläche:	110 m²
Umbauter Raum:	1402 m³
Baukosten je m²	
Wohn- und Nutzfläche:	DM 1800,--
Eigenleistung:	DM 30 000,--
Bauzeit:	1994 - 1996

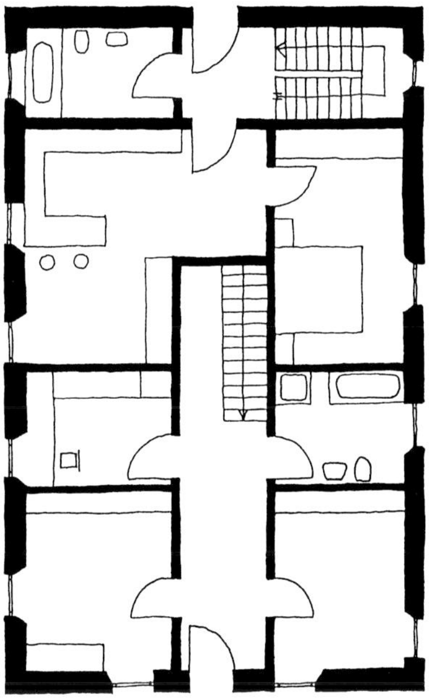

OBERGESCHOSS

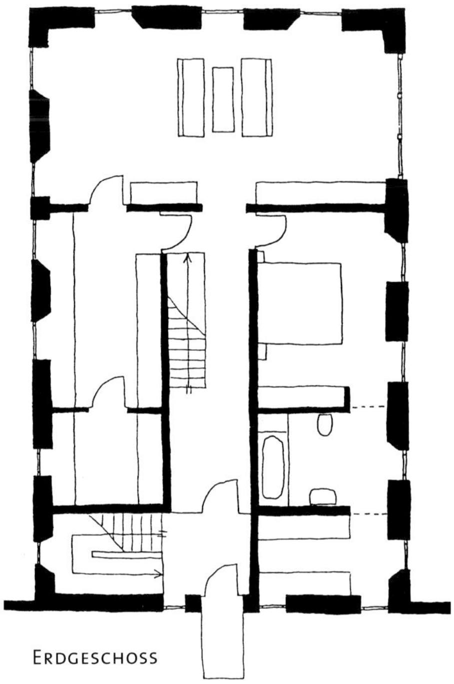

ERDGESCHOSS

1:200

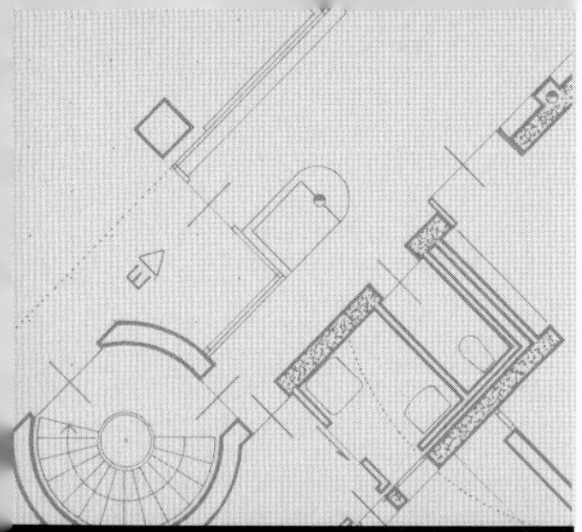

Baukunst als Entwurfsanspruch

Architekt: Hermann Eisenköck, Graz

ENTWURFSKONZEPT, RAUMPROGRAMM, GRUNDRISS

Die Bauherren wünschten sich eigentlich das Haus am obersten Punkt des Grundstückes. Der Architekt schlug dagegen eine tiefere Stelle am Hang vor. Zum einen konnte damit eine mögliche Teilung des Hauses in maximal drei Wohnungen mit entsprechenden Zugängen vorgesehen werden, zum anderen waren so verschiedene Ausblicke und gleichzeitig das unmittelbare Erleben des Gartens und der umgebenden Landschaft von verschiedenen Orten des Hauses aus möglich.
Der 11 x 11 Meter große Würfel mit dem Seitentrakt wird in absehbarer Zeit weiter in die Natur einwachsen und dann vermutlich nur aus der Ferne zu sehen sein – ein beabsichtigter Effekt. Der Zugang zum Haus erfolgt über den Hof ins Erdgeschoß. Vom Eingang aus fällt dann der Blick über den Eßbereich in Richtung Süden auf die Stadt. Die Küche ist als „Servicecenter" bewußt aus dem Baukörper herausgezogen und bildet mit dem Hof und der Terrasse einen eigenen, intimen Bereich.
Der Zylinder für das Treppenhaus ist so ausgestaltet, daß dort ohne große bauliche Veränderungen ein Lift eingebaut werden kann, der dann die drei Stockwerke miteinander verbindet. Damit die Schönheit und die Dramatik des Ausblicks aus dem Wohnraum noch verstärkt wird, wurde ein geschlossener Aufgang zum Glaszylinder geschaffen. Erst die Drehung zum Fenster eröffnet das ganze Panorama und läßt den Wohnraum größer erscheinen als er in Wirklichkeit ist. Die Fenster im Schlafzimmer dagegen sind klein und lassen den – ebenfalls kleinen – Raum wie ein Refugium erscheinen.

ARCHITEKTUR, FORM, DETAIL, KONSTRUKTION

Aus den anfänglichen Vorstellungen eines strengen und klaren Kubus mit einer ihn durchdringenden Steinmauer, die in die Landschaft ausläuft und gleichsam die Verankerung mit dem Boden und der Natur bedeutet, entwickelte sich nach und nach durch Zurücknahme von Volumen und herrschaftlicher Besetzung des Ortes ein monumentaler, abstrakt wirkender Würfelkantenrahmen als letzte Erinnerung an den Kubus. In dieses Betongerüst mit elf Metern Seitenlänge eingeschrieben ist ein weißer, hell und heiter wirkender Zylinder mit geschoßweiser Gliederung und Betonung der horizontalen Scheiben. Die oberste Decke wurde von diesem Rahmen abgehängt. So konnte die außerordentliche Transparenz der dadurch stützenfreien Fassade erreicht und der erwünschte Panoramablick im oberen Wohnraum ermöglicht werden. Im darunterliegenden Wohn- und Eßbereich ist die zylindrische Außenhaut durch Schotten, die sich von Proportion und Geometrie des Rahmens ableiten, gebrochen – die vorgelagerten Terrassen verlassen das Betonkorsett und stechen darüber hinaus. Der Zylinder wird von der dominanten Betonmauer mit kantiger, grobkörniger Schieferoberfläche abgeschnitten und begrenzt. Sie durchzieht das ganze Haus mit verschieden großen Öffnungen und setzt sich als Brüstungsmauer und als Rückgrat des gedeckten Corpus im Außenbereich fort. Auf der Zufahrtsseite im Erdgeschoß, gleichsam an die Mauer gelehnt, bergen Kuben unterschiedlicher Größe und Höhe Küche, Eßraum und Diele. Ein Schlafraum mit Bad im Obergeschoß ist teilweise vom Rahmen abgehängt.
Das Gebäude wurde als einfacher Mauermassenbau errichtet, der großteils weiß verputzt ist. Die farbigen Holzpaneele sind demnach nur Verkleidung und dienen der formalen Gliederung der Fassade. Fest verglaste Elemente sind weiß gerahmt, zu öffnende Flügel und Türen werden durch einen anthrazitfarbenen Anstrich kenntlich gemacht. Der Küche ist südostseitig eine kleine Terrasse vorgelagert – nur sie bildet einen Übergang zum üppig wuchernden Grün der umgebenden Wiesen. Im Wesentlichen sollte der artifizielle Charakter des quadratischen Rahmens durch das unmittelbare Aufsetzen auf die Wiese noch gesteigert werden.
Kontraste sind überall spürbar und gewollt: 1. Quadrat und Kreis, 2. die Rauheit der Bruchsteinmauer zum glatten Betonrahmen, 3. die Großform des Würfels zur kleinteiligen, vertikalen Gliederung des Zylinders, 4. die Schwere der erdfarbenen Mauer zur Leichtigkeit der weißen Einbauten.

Einmodelliert in den Hang zeigt der plastisch ausgeformte Baukörper eindrucksvoll, daß Natur und Architektur sich in kongenialer Weise ergänzen können.

Die Terrasse vor der mittleren Wohnebene.

Oben: Die Rotunde bietet einen faszinierenden Blick über das Tal.

Links: Gekonnte Inszenierung: Der Aufstieg aus dem geschlossenen Treppenhaus lädt zur Sammlung ein – erst auf der oberen Ebene, in der Rotunde, „weitet sich der Horizont".

Rechts: Reizvolle Kontraste im Inneren: Der rauhe Bruchstein trifft auf das artifizielle Detail, die Lichtführung betont den Bühnencharakter einer Gestaltung, die nichts dem Zufall überläßt – improvisieren kann das Leben.

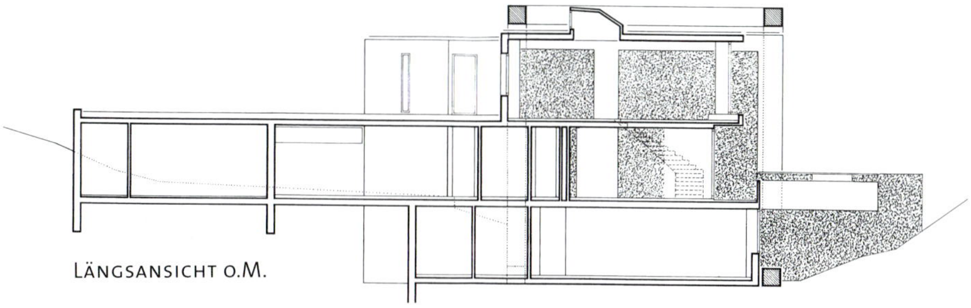

Längsansicht o.M.

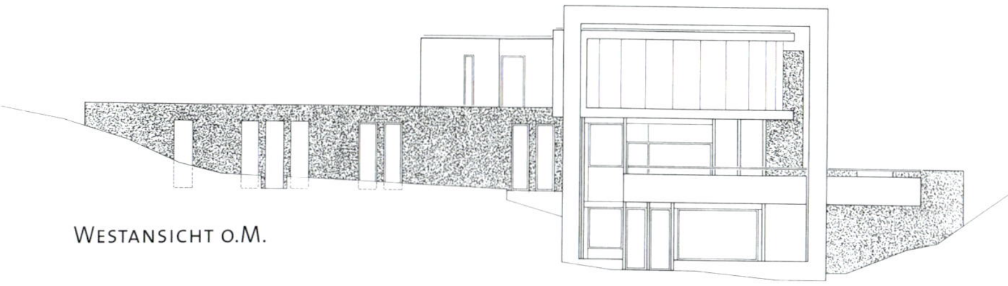

Westansicht o.M.

Unten: Der Aufgang zur Rotunde,
unten Mitte und rechts: der
offene Grundriß des Erdgeschosses.

Raumhohe Schiebetüren vor der Küche. Im offenen Zustand ist der Durchblick nicht nur eine ästhetische Wohltat, er schafft auch den wichtigen Achsbezug in der Querrichtung des Grundrisses.

Blick aus der abtrennbaren Küche auf den langen Eßtisch in der Erdgeschoßhalle.

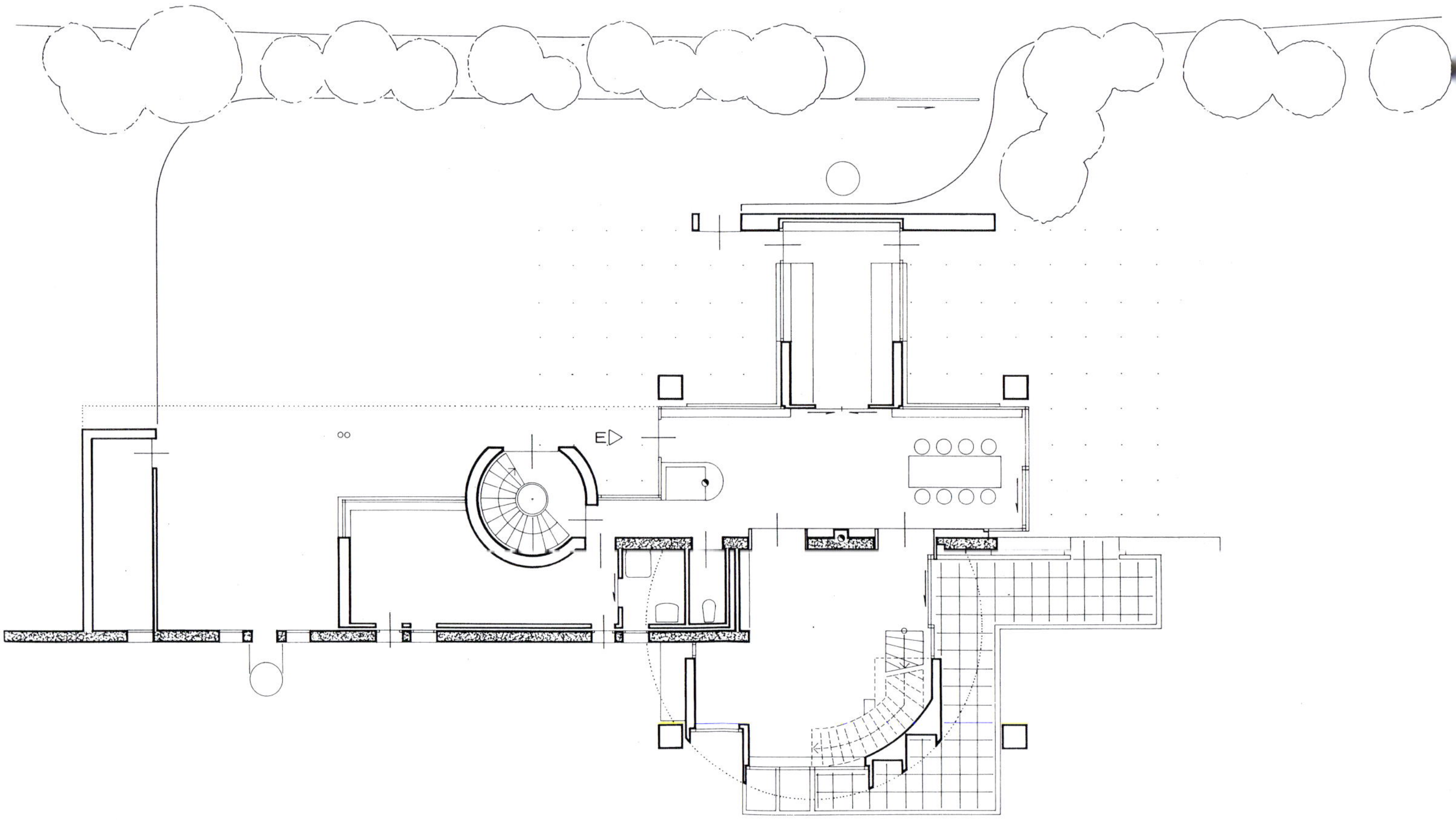

Erdgeschoss

Baudaten

Grundstücksgröße:	3717 m²
Grundstückssituation:	Südwest-Hanglage
Anzahl der Bewohner:	5
Wohnfläche:	275 m²
Zusätzliche Nutzfläche:	55 m²
Baukosten je m²	
Wohnfläche:	DM 3450,--
Baukosten je m²	
Wohn/Nutzfläche:	DM 2875,--
Baubeginn:	1992
Fertigstellung:	1994

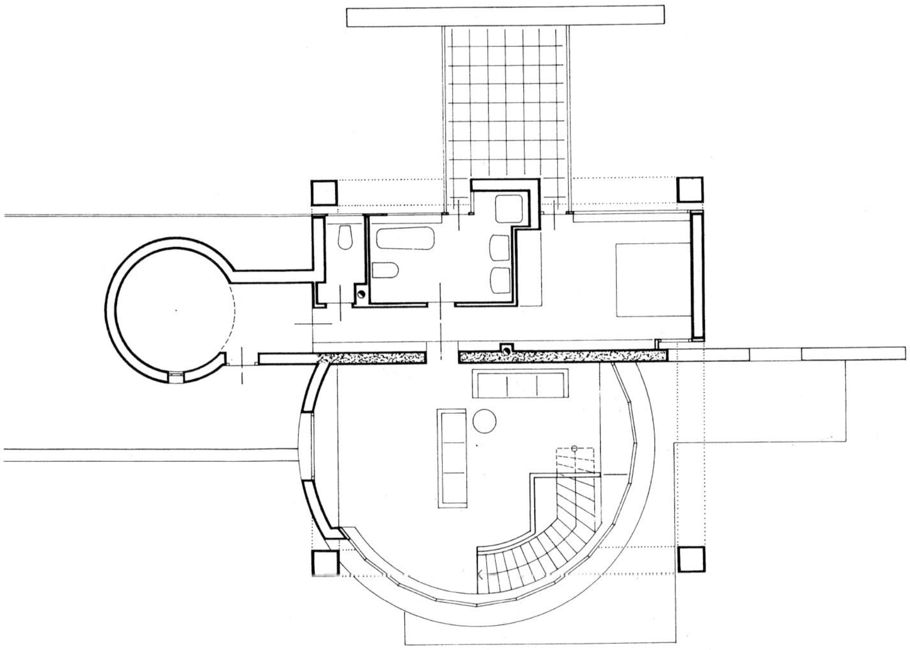

Obergeschoss

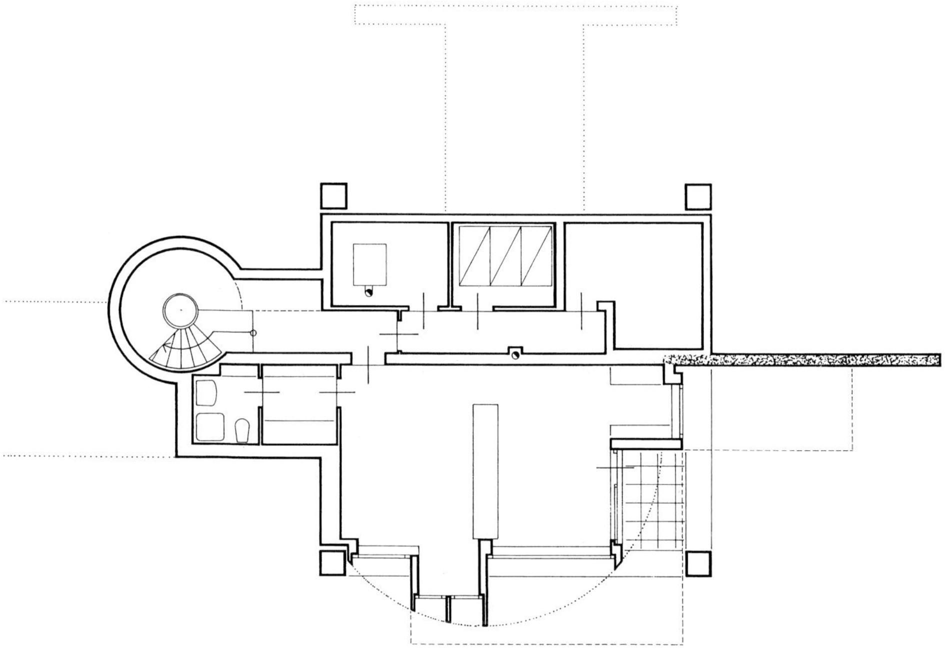

Untergeschoss

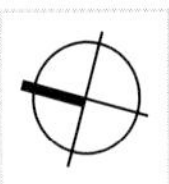

1:200

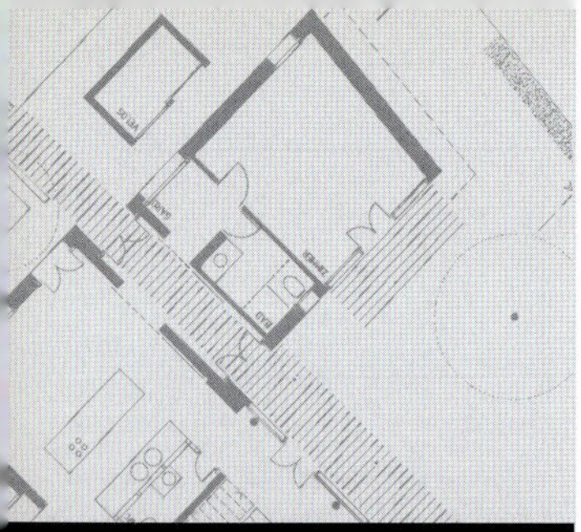

Gute Architektur – im Dialog entstanden

Architekt: Thomas Fabrinsky, Karlsruhe

Konstruktion

Pfahlgründung mit aufliegendem Fundamentrost und Bodenplatte, keine Unterkellerung. Die Wände wurden aus Ziegeln erstellt und beidseitig mit Kalkzementputz versehen. Die tragenden Innenwände bestehen aus Sichtbeton, nichttragende aus Ziegeln. Als Fußboden dienen in allen Räumen massive Holzdielen aus Esche. Es wurde besonderer Wert auf umweltverträgliche Baustoffe gelegt, die entweder mineralischer, metallischer oder organischer Natur sind. Auf chemischen Holzschutz wurde verzichtet. Das Wasser wird in einer Regenwasserzisterne gesammelt, es speist die WCs, die Waschmaschine und die Gartenversorgung. Alle Flachdächer sind extensiv begrünt, um die versiegelten Flächen möglichst gering zu halten.

Entwurfsprämissen

Von den Voraussetzungen, die die Bauherren mitbrachten, kann jeder Architekt nur träumen – gerade weil sie selten so ideal zusammentreffen. So gab es erstens kein fixiertes Raumprogramm, vielmehr waren die Bauherren offen für die Vorschläge des Architekten – auch bei der Inneneinrichtung. Zweitens gab es keine vorhandenen Einrichtungsgegenstände, nach denen die Räumlichkeiten geplant werden mußten, und das wichtigste war drittens: Sie brachten viel Zeit mit, der Einzugstermin war nicht festgelegt.
Das noch kinderlose Paar wünschte sich einen Entwurf, der dem Charakter eines Mehrgenerationenhauses gerecht werden konnte. Auch mit Kindern oder einem Großelternteil im Haus sollte das Gebäude noch einwandfrei funktionieren können, weshalb man sich für zwei Baukörper – das Haupthaus und das sogenannte Kinderhaus – entschied.

Entwurfskonzept

Die Stellung der Baukörper begründet sich einerseits nach den Himmelsrichtungen, anderseits nach vorhandenen Blickbezügen, die die Qualität des Grundstücks ausmachen. Sowohl der Bezug zum Ortskern im Nordwesten als auch zum Dorfrand im Südwesten mit der sich anschließenden Feld- und Wiesenlandschaft, mit Pferdekoppeln, Tabakscheunen und Obstgärten sollte spürbar sein. Das langgestreckte, zweigeschossige Haupthaus verschließt sich gegen Nordosten und grenzt durch eine eingeschossige Zone mit Kellerersatzräumen an die Garage des Nachbarn an. Zusammen mit den kleinteiligen, scheinbar zufällig angeordneten Baukörpern wie dem eingeschossigen Kinderhaus, der Garage und dem Schuppen bildet das Haupthaus einen geschützen Hof, der die örtliche Typologie übernimmt. Der Garten ist keine verbleibende Restfläche, sondern wird in verschiedene Bereiche nutzbarer Größe unterteilt. So gibt es den Wirtschaftsgarten mit Obstbäumen, den Freizeitgarten mit im Schatten der Eiche gelegener Terrasse und den Vorgarten mit geschützter Südterrasse unter einem Amberbaum. Die Fuge zwischen Haupt- und Kinderhaus wird zur stufenlosen, fast 30 Meter langen Erschließungsachse. An diesem Rückgrat ordnen sich sämtliche Baukörper an. Der einheitliche Holzbelag und der Blick von der Haustüre bis zum Gartenende unterstreichen diese großzügige Geste.

Raumgefüge

Auch beim Grundriß wird das Thema „offener Blickbezug" spürbar. Obwohl das Haupthaus nur fünf Meter breit ist, wirkt es durch fließende Raumbezüge nie beengt. Es gibt kaum Türen, sondern große Schiebeelemente, die in der Regel offenstehen. Durch die Ausbildung der Westfassade als großzügige Glasfläche mit raumhohen Türelementen und vorgeschalteter Veranda löst sich die Grenze zum Außenraum auf. Ein Leben zwischen drinnen und draußen wird möglich – ein Faktor, der in dieser oft sehr warmen Region nicht zu unterschätzen ist. So ist auch das Dach des Kinderhauses begrünt und mit einer begehbaren Fläche als Sonnenterrasse, die vor Einblicken geschützt ist, ausgebildet.

Kann Architekten beim Thema Dachüberstand noch etwas Neues einfallen? Offensichtlich ja – und mit interessantem Ergebnis. Schon dieses eine Detail spricht für Qualität.

Wem sich die Tür öffnet, der erfährt den Blick in die Tiefe des Gartens, die „Anatomie" des Hauses dagegen bleibt ihm noch verschlossen.

Am Abend erfreut das Lichtspiel im Gartenhof – hohe Wohnqualität auf beiden Ebenen.

Das obere Schlafgeschoß. Geradezu ein Feuerwerk an Raumeindrücken und Ausblicken. Hochachtung vor solchen Ergebnissen bei so viel Eigenleistung!

Japanisch anmutende, disziplinierend formale Strenge im Schlafbereich. Architektur pur als Raumerlebnis.

Wenn die Bäume zum Nachbarn hin eines Tages groß und dicht sind, dann wird der Gartenhof zum intimen Paradies.

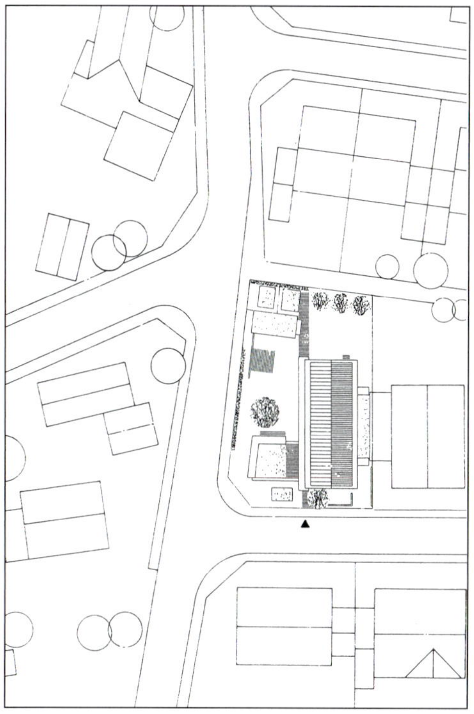

LAGEPLAN 1:1000

Der Wohnraum mit der geschlossenen Betonwand des Treppenhauses, die den Durchblick in die Länge des Grundrisses offen läßt.

Links: das Treppenhaus als gebaute Stabilität, optisches Moment der Sicherheit.

Oben: Überzeugender, nicht nachlassender Gestaltungswille auch im Bad.

Unten: der Eßbereich mit offener Küche ist kommunikativ. Der Wohnraum dagegen ist abgeschirmt hinter dem Treppenhaus angeordnet. Ein solcher Grundriß schafft die notwendige Differenzierung in der Raumqualität.

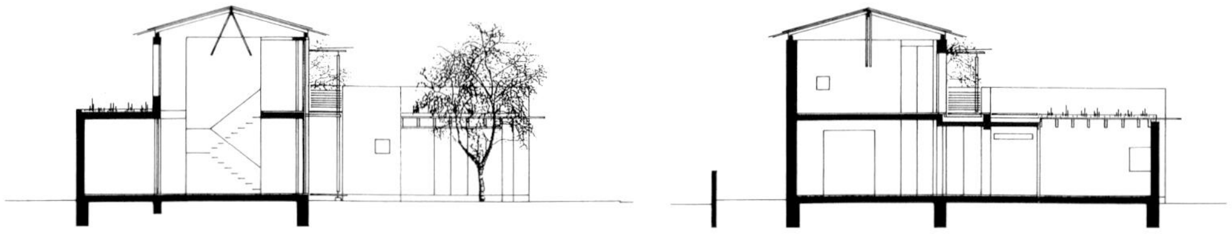

Schnitte o.M.

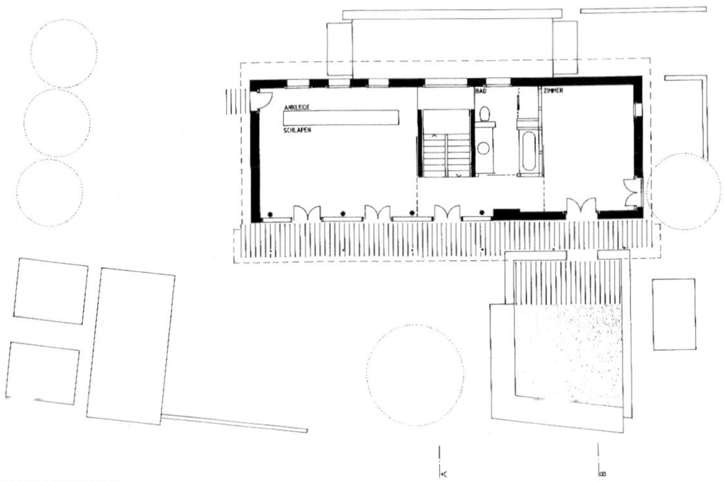

Obergeschoss

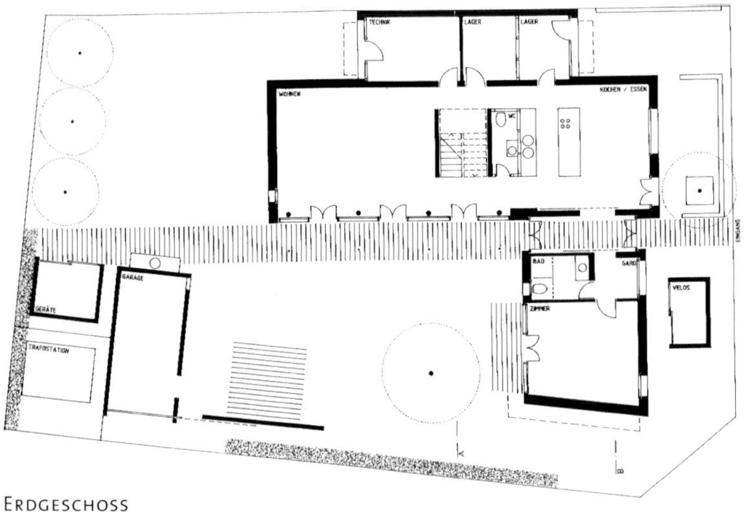

Erdgeschoss

1:300

Baudaten

Grundstücksgröße:	491 m²
Anzahl der Bewohner:	Noch 2
Wohnfläche:	182 m²
Zusätzliche Nutzfläche:	21,5 m²
Baukosten je m² Wohnfläche:	Keine Angaben
Baukosten je m² Nutzfläche:	Keine Angaben
Eigenleistung:	60% der gesamten Baukosten (!)
Bauzeit:	Über zwei Jahre

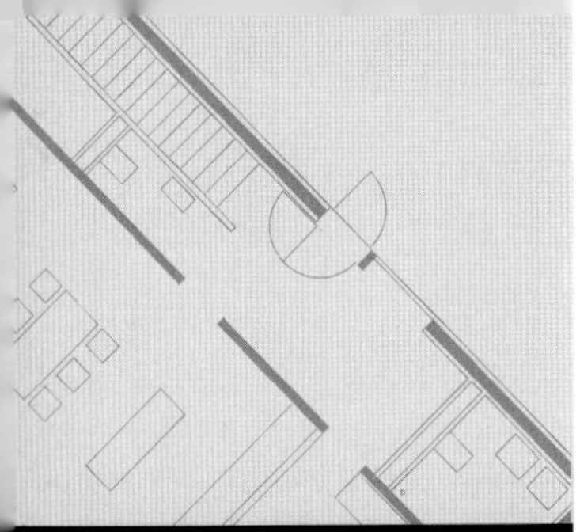

Zweckmäßigkeit als Entwurfsprinzip

Architekten: Fink + Jocher, München

ENTWURFSPRÄMISSEN

Am Ortsrand eines kleinen oberbayerischen Klosterdorfes wurde 1996 dieses zweigeschossige Gebäude für eine fünfköpfige ortsansässige Familie errichtet. Da ein modernes Wohngebäude nicht dem Formenkanon der in der Nähe liegenden bewirtschafteten Bauernhöfe folgen kann, sollte ein einfaches, der reichen Struktur der umgebenden Höfe untergeordnetes Haus entstehen.
Gebäudegestalt ist nur ein Teil regionalen Bauens, sie ist heute nahezu verschüttet. Die gegenwärtige Situation im ländlichen Raum kann nur noch wenige Spuren dieser traditionellen Bauweise aufzeigen.
Die früher überwiegend in der Landwirtschaft tätige Bevölkerung war, bedingt durch den geringen Ertrag, sehr arm. Mit wenigen Ausnahmen haben die Gebäude genau diese karge Lebenssituation abgebildet. Beim Hausbau mußte man erzwungenermaßen äußerst sparsam mit den Ressourcen umgehen. Kann aber nicht gerade diese Situation als Übertrag hundert Jahre später wieder einen neuen Wert erhalten und als Überlebensstrategie einer größeren Gemeinschaft angesehen werden? Damit könnten Konstruktionen und materialspezifische Umweltwerte in Verbindung mit konstanten naturräumlichen Bedingungen (Boden, Wasser, Klima, Luft) wieder gestaltbildenden Einfluß erhalten und verstärkt eine Orientierungshilfe beim lokalen Bauen bieten.

REALISIERUNG

Bereits nach einer Bauzeit von neun Monaten konnte das aus vorgefertigten Holzbauteilen zusammengesetzte, vom örtlichen Zimmermeister gefertigte Haus bezogen werden. Auf Wunsch der Bauherren sollte ein hoher Anteil naturnaher Baustoffe – überwiegend Holz umliegender Wälder – und Holzwerkstoffe verbaut werden.
In Anlehnung an das Prinzip der gebäudehohen Wandfertigung in Amerika wurde das Bausystem des „normalen" Holzrahmenbaus abgewandelt. Anstelle des üblichen raumhohen Abbundes wurden gebäudehohe Elemente mit durchgehenden Holzstielen verwendet. Der nachbarschaftliche Zimmereibetrieb konnte die neue Bauweise problemlos ausführen.

KONSTRUKTION

Der Anteil der transparenten Hüllflächen ist aus energetischen Gründen auf der Nordseite auf ein Minimum reduziert. Zur Vermeidung von Temperaturspitzen wurden die großflächigen Verglasungen im Erdgeschoß auf der Südwest- und Ostseite mit Schiebeläden unterschiedlicher Lamellenneigung ausgestattet.
Die Wand ist zweischalig aufgebaut. Die innere Schale dient nicht nur der Installationsebene, sondern leitet die Deckenlast direkt in die Stützen ab, so daß die Decke nicht mehr in die Wand eingreift und die Dampfsperre nicht verletzt. Damit wird nicht nur ein einfacher Bauablauf, sondern auch eine sichere Ausführung der Luftdichtheit gewährleistet.
Der gesamte Wand- und Dachaufbau ist einschließlich der zweiten Schale mit 22 Zentimeter Zellulosefaser gedämmt. Das Material, das aus Holz gewonnen wird, berechtigt auch stärker die Bezeichnung „Holzhaus". Die Decke des Erdgeschosses ist als massive Holzdecke in Brettstapelkonstruktion ausgeführt. Der Vorteil der Brettstapeldecke liegt in der Verwendung von billiger Seitenware, das heißt Abfallholz, das in großen Mengen beim Holzeinschnitt vor Ort anfällt, kann hier verwendet werden. Da auf jeglichen chemischen Holzschutz in Wand und Decke verzichtet wurde und die Bauteile gut trennfähig sind, kann das Gebäude später mit geringem Aufwand der Natur zurückgegeben werden.

Eingangs- und Seitenfassade bestechen durch den auf das Notwendige reduzierten Dialog zwischen Fensterflächen und Wandscheiben. Der Reiz steckt im Detail.

Innen- und Außenraum vor der Möblierung: Karg, aber herausfordernd.
Intelligenter Low-Tech-Sonnenschutz vor der Südfassade – auch verschiebbar.

LAGEPLAN 1:2000

Baudaten

Grundstücksgröße:	1000 m^2
Anzahl der Bewohner:	5
Überbaute Fläche:	112 m^2
Wohnfläche:	ca. 180 m^2
Zusätzliche Nutzfläche	
im Keller:	ca. 75 m^2
Baukosten je m^2	
Nutzfläche:	DM 2500,--
Baukosten je m^2	
Nutzfläche Keller:	DM 741,--
Bauzeit:	Juni 1995 -
	Februar 1996

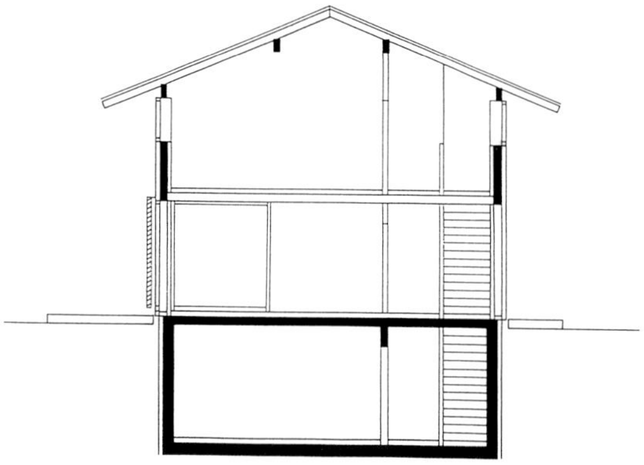

QUERSCHNITT

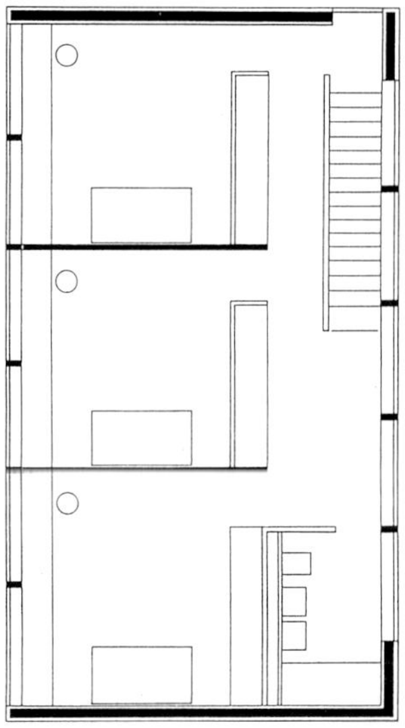

OBERGESCHOSS

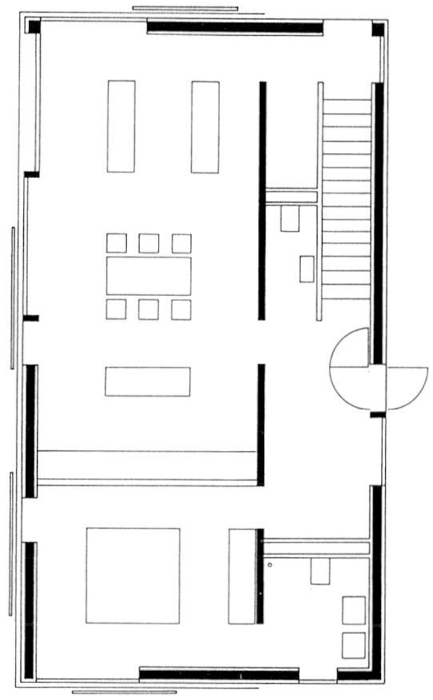

ERDGESCHOSS

1:200

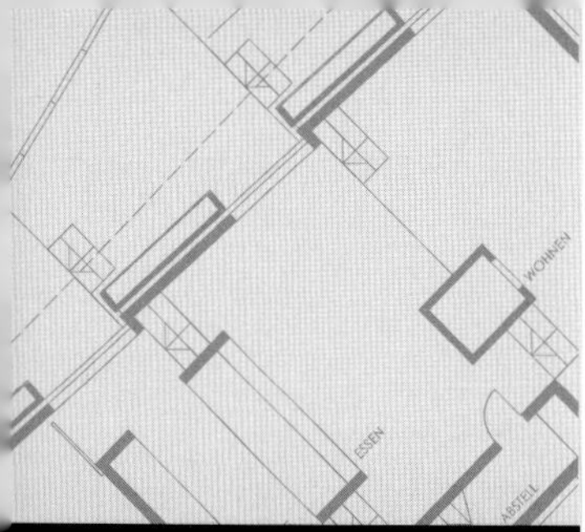

Bildhafte Architektur mit ökologischer Botschaft

Architekten: Gassner & Zarecky, Riemerling

Entwurfsbedingungen

Das Einfamilienhaus bildet in einer Reihung einzelner Häuser den neuerschlossenen Ortsrand. Die Bebauungsplanvorgaben für den Entwurf betrafen die Dachneigung, die Form der Dachdeckung, die Baulinie und für das Nebengebäude, das die Garage aufnimmt, ein Satteldach.

Realisierung

In direkter Beziehung zum angrenzenden Wald wurde als Konstruktion eine Holzständerbauweise gewählt. Das mondgeschlagene Bauholz stammt aus den umliegenden Wäldern des Bauherrn. Gestapelte Holzscheite vor der Südost-Fassade stehen im Dialog mit dem angrenzenden Wald. Die vor den Holzlegen geschichteten Glaslamellen bilden eine materialhafte Zäsur von Ort und Landschaft. Gleichzeitig wird mit dem gewählten Fassadensystem die Sonnenenergie passiv genutzt. Dabei gliedern die drei in Südrichtung ausgedrehten Fassadenelemente die Ansicht in Korrespondenz zur Grundrißeinteilung. Die übrigen Fassaden werden mit einer einheitlich gegliederten Leistenschalung verkleidet und stehen im Kontext zur umgebenden Bebauung des Ortes. Bei geschlossenen Schiebeläden verdichtet sich die Fassade zu einem einheitlich homogenen Filter, der sich in minimalen Details differenziert.
Die Hanglage wurde für die Gliederung des offenen Erdgeschoßbereiches genutzt: Eingang mit Küche und Hauswirtschaftsraum, Eßbereich und Wohnraum sind in drei Ebenen mit unterschiedlichen Raumhöhen gestaffelt, sie orientieren sich zur unverbauten Südseite. Die Nebenräume bilden eine Pufferzone zur Straßenseite und der umgebenden Bebauung. Drei gleichwertige Zimmer mit Bad und Ankleide vervollständigen das Raumprogramm im Obergeschoß. Durch die zwingende Dachneigung von 30 Grad ergab sich in Erweiterung der drei Zimmer je eine zusätzliche Schlafempore.

Ökologische Aspekte

Die Konstruktion kommt ohne jeglichen chemischen Holzschutz aus, wobei die glasgeschützten Holzlegen als Klimapuffer dienen und im Zusammenklang mit den anderen dämmtechnischen Maßnahmen für das Haus den Niedrigenergiestandard schaffen. Die Wärmespeicherung erfolgt über die massiven Fußböden. Eine platzsparende Brennwertflüssiggas-Dachzentrale versorgt das Gebäude mit Energie, ein Kachelofen für Holzbrand wird in der Übergangszeit eingesetzt.

Die Eingangsfassade zeigt eine streng linierte Holzverkleidung. Links der Steg, der zum Eingang führt, geschützt durch das Pultdach des Carports, der über zusätzliche Abstellräume verfügt.

Unten: Eine aussagestarke Fassadengestaltung: das eigene Holz, das Bekenntnis zu Wärmeschutz und solarer Energieverwertung. Gegen Feuchtigkeit wurden die Holzscheite durch vorgehängte Glasscheiben geschützt.

Oben: Das Dachgeschoß mit dem durch Außenlamellen verdeckten Fensterband zur Straße.

Fassade und gestaffelter Unterschlag im Detail. Darunter der eingeschnittene Eingang mit direktem Anschluß zum Carport.

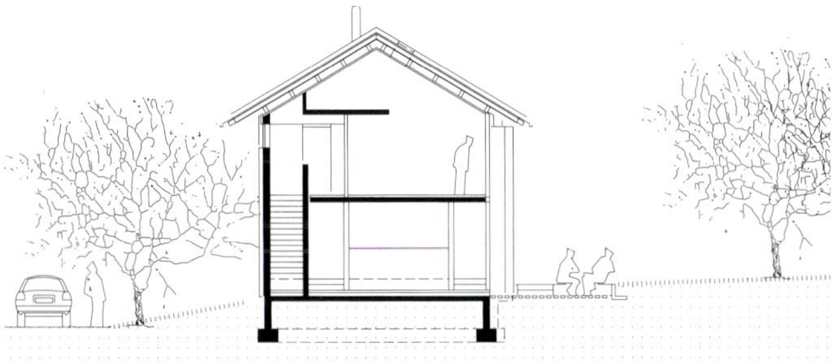

Querschnitt o.M.

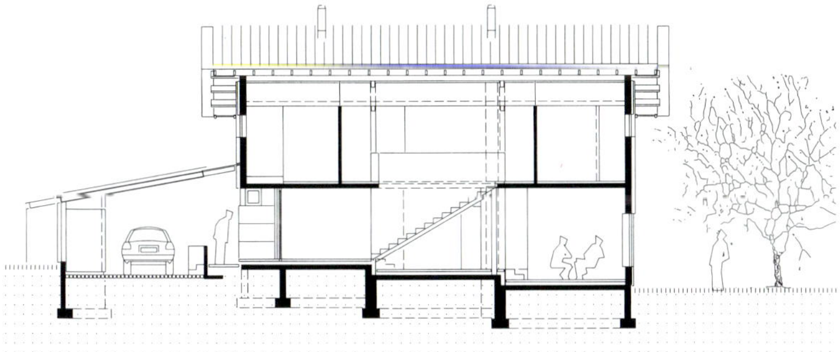

Längsschnitt o.M.

Unten: Dem Verlauf des leicht geneigten Hanges folgen die Wohnebenen. Die große Stufe kann als Ablage genutzt werden. Unterschiedlich weit geöffnete Wandflächen definieren die Raumzonen im Erdgeschoß.

Oben: Wenn Holz auf so elegante Weise eingesetzt wird, kann es in der Wirkung mit jedem Material konkurrieren.

Links: Auch wenn hier sieben unterschiedliche Materialien und Strukturen aufeinandertreffen, ist der Raumeindruck ruhig und selbstverständlich.

Rechts: Das Arbeits- und Repräsentationsmodell zeigt bis ins Detail die spätere Wirkung des Entwurfes. Für den Bauherren eine unverzichtbare Vorstellungshilfe.

Baudaten

Grundstücksgröße:	634 m²
Anzahl der Bewohner:	Derzeit 1
Wohnfläche:	141 m²
Zusätzliche Nutzfläche:	104 m²
Kubikmeter umbauter Raum:	719 m³
Baukosten je m² Wohnfläche:	DM 3760,--
Baukosten je m² Wohn- und Nutzfläche:	DM 2160,--
Baujahr:	1997/98

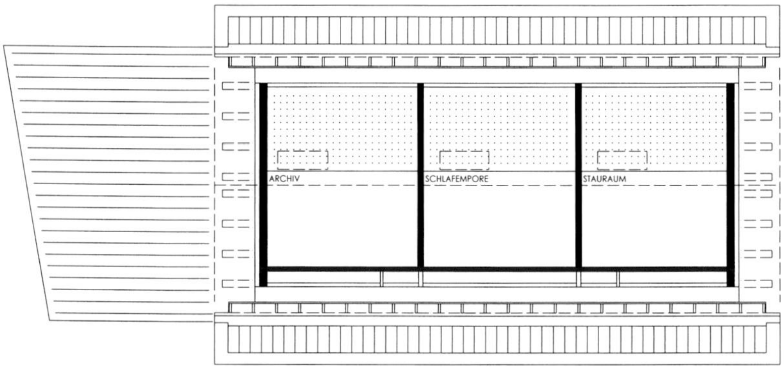

Dachgeschoss

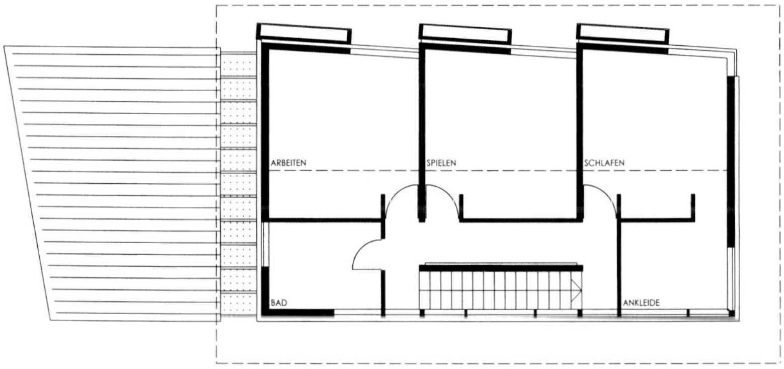

Obergeschoss

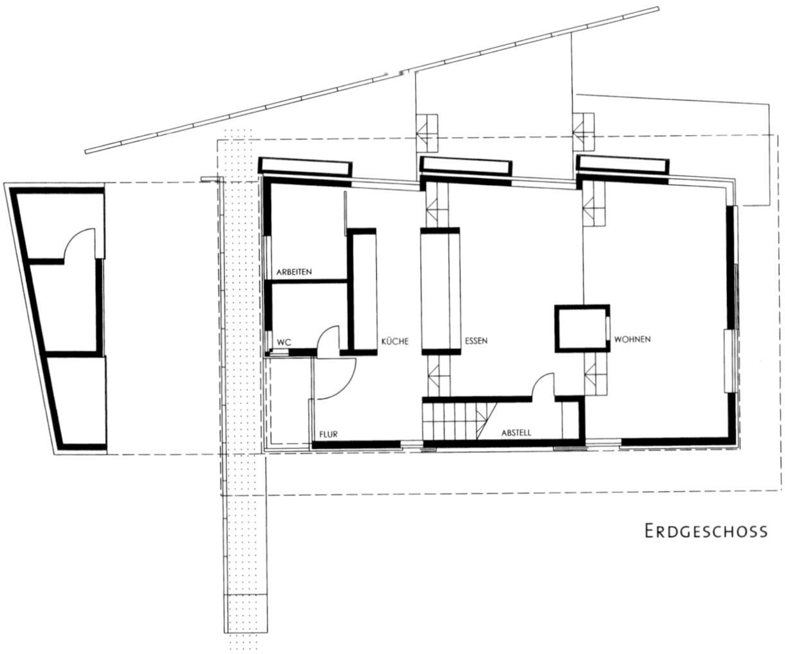

Erdgeschoss

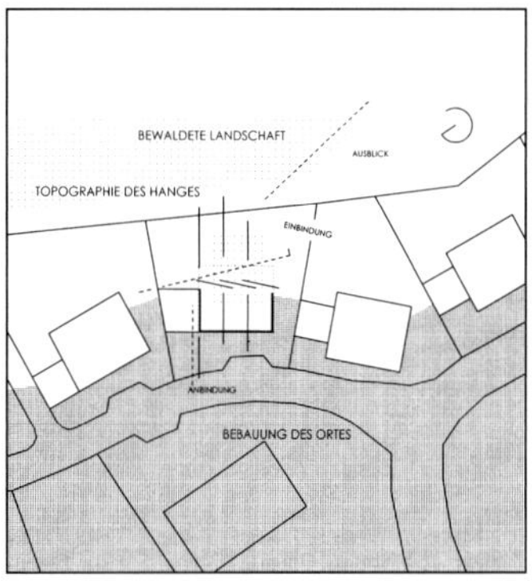

Lageplan 1:2000

1:200

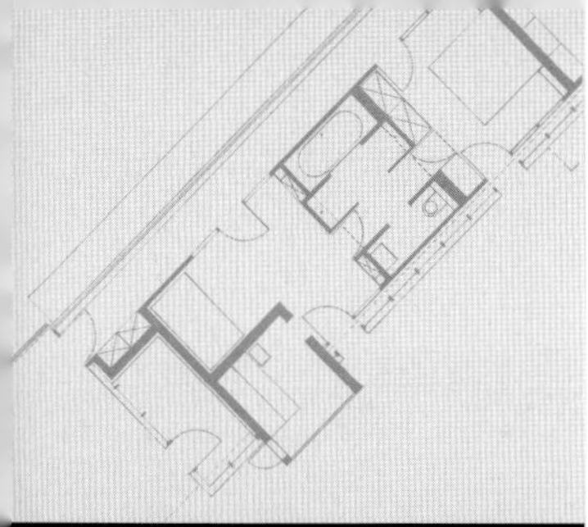

Wohnhaus in Köln

Die Kunst der Formgebung

Architekt: Gatermann + Schossig und Partner, Köln

NUTZUNG

Wohnhaus mit Einliegerwohnung, Schwimmbad und Sauna

ENTWURFSKONZEPT

Das Wohnhaus besteht in seiner Grundkomposition aus drei Kuben, die aus unterschiedlichen Materialien bestehen. Hierbei werden die beiden unteren T-förmig zueinander gestellten Kuben aus Sichtbeton und Naturstein von dem dritten, aus Holz bestehenden, überlagert. Grundgedanke dieser Anordnung war, die das Grundstück umfassende Mauer in die nach Norden gerichtete Straßenfassade zu integrieren und diese – anders als die nach Süden offen und transparent gegliederte Gartenfassade – geschlossen, aber doch differenziert auszubilden. Bei der Materialwahl wurde statt eines Materialmixes auf eine durchgängige Gestaltung mit jeweils einem Material wert gelegt, um das Zusammenspiel der Materialien zu einem sinnlichen Erlebnis zu verdichten.

KONSTRUKTION

Das Gebäude ist ein Betonmassivbau, die verwendeten Materialien Sichtbeton, Zedernholz, Granit, Glas und Aluminium. Das Energiekonzept weist als passive Komponenten die Anordnung der hochgedämmten Nebenräume nach Norden und die großflächig verglasten Aufenthaltsräume nach Süden zur solaren Energiegewinnung aus. Als aktive Komponenten dienen eine Solaranlage auf dem Dach, die in der Vollausbaustufe den gesamten Energiebedarf des Hauses abdecken kann.

Der Innenraum zeigt die Freude an der kühl zurückgenommenen Eleganz, am Raumvolumen und der Großzügigkeit der Blickbeziehungen auch zum Außenraum.

Überzeugende Moderne zeigt sich im kühnen Umgang mit Formen, Volumina und Materialien. Nur eine Architektur, die nicht geschwätzig ist, hat Bestand. Diese mutet zeitlos an.

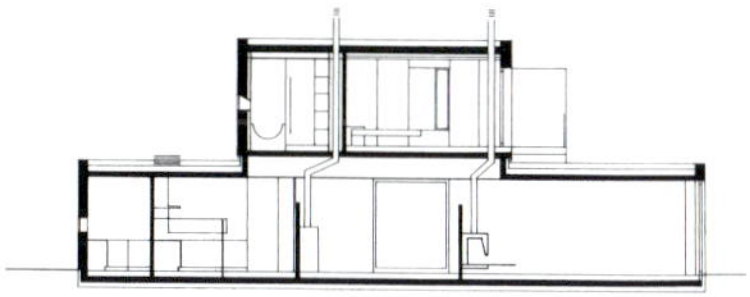

Querschnitt Wohnen o.M.

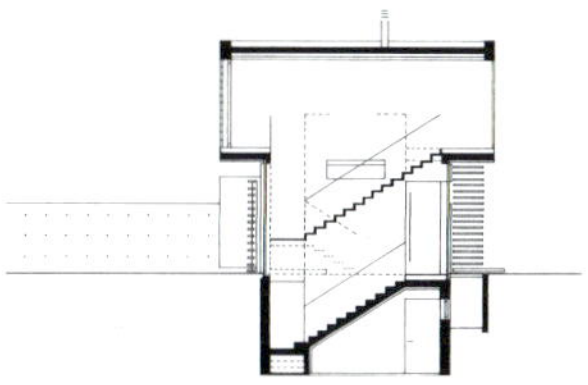

Querschnitt Halle o.M.

Längsschnitt o.M.

Die Galerie im Obergeschoß nimmt das Entwurfskonzept der Fassadeneinschnitte auf. Das Geländer zeigt den virtuosen Umgang mit dem Werkstoff Glas.

Der Blick aus dem Eßraum in die Halle, deren Dimensionen geschickt über die eigentlichen Raumgrenzen hinauswachsen.

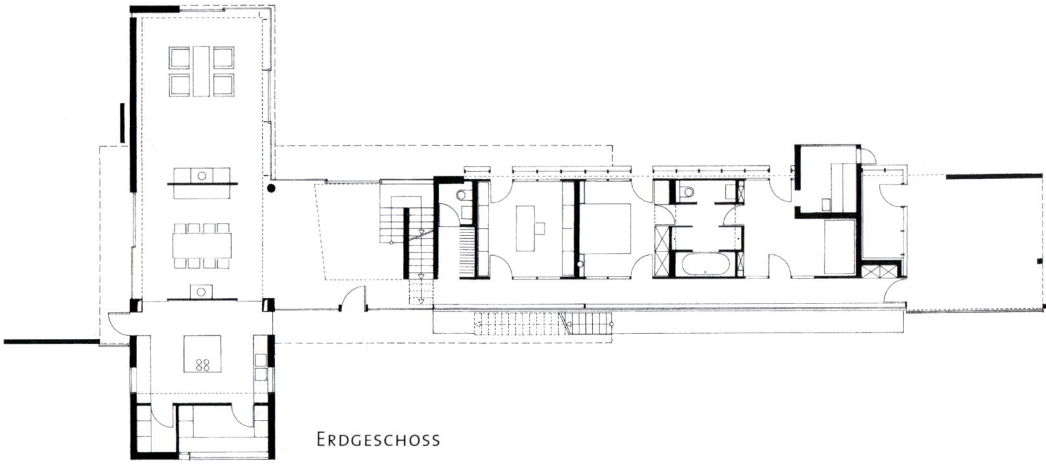

Erdgeschoss

Der geschützte Gartenhof vor dem Eßplatz setzt die Eleganz der Innenräume fort – Natur und Bauwerk wetteifern versöhnlich miteinander.

Baudaten

Grundstücksgröße:	2389 m^2
Anzahl der Bewohner:	3
Überbaute Fläche:	261 m^2
Wohnfläche:	303 m^2
Zusätzliche Nutzfläche:	104 m^2
Umbauter Raum:	1950 m^3
Baukosten je m^2	
Wohnfläche:	Keine Angaben
Eigenleistung:	Keine
Bauzeit:	1997 -1999
Fertigstellung:	Februar 1999

Die Eingangshalle mit dem geschickt angedeuteten Aufgang ins Obergeschoß. Hinter dem Podest beginnt die Privatsphäre.

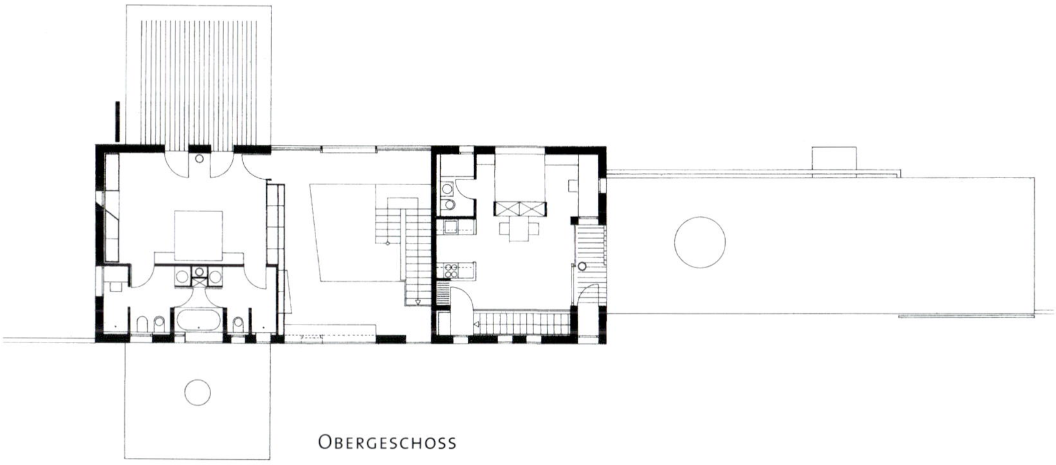

OBERGESCHOSS

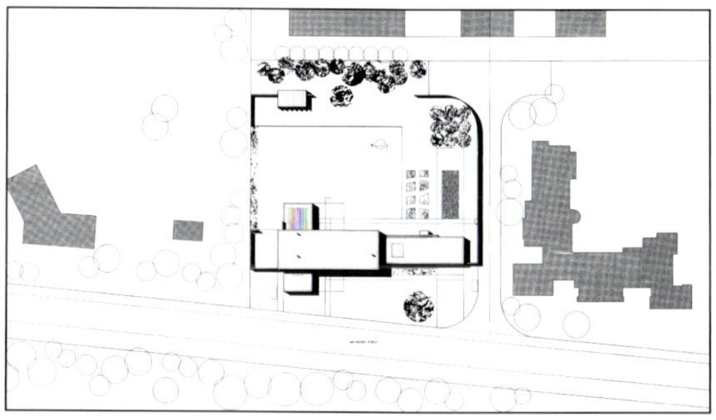

LAGEPLAN O.M.

1:300

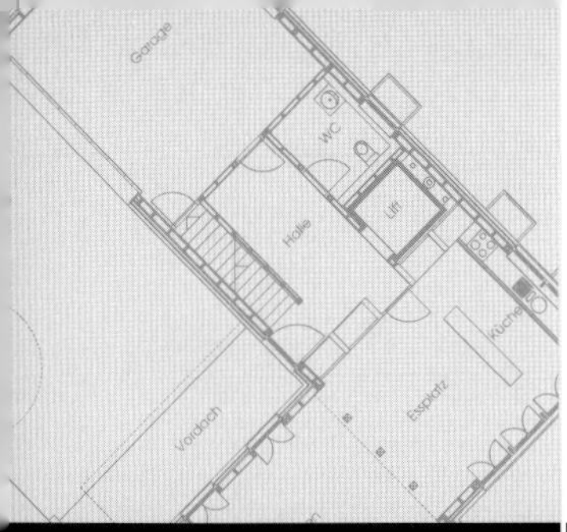

AUSZEICHNUNG

Holzbau richtig verstanden: Innovatives Hauskonzept – klassische Eleganz

Architekt: Jeremy Hoskyn, Zürich

Raumprogramm

Im Untergeschoß erschließt ein offener Gang die Nebenräume, wie Luftschutzraum, Naturkeller, den Heiz- und Tankraum, die Waschküche und die Werkstatt. Der Wohnteil des Hauses ist nicht unterkellert.
Im Erdgeschoß führt der Haupteingang direkt in die Eingangshalle mit Garderobe, sepearatem WC, Treppe und Liftanlage. Eine Tür verbindet die Halle mit der Garage. Von dort führt eine Treppe hinunter in den Keller. Auf der anderen Seite, gegen Süden, gelangt man in den offenen Koch- und Eßbereich und von dort weiter auf die vorgelagerte Terrasse. Seitlich öffnet sich das Eßzimmer in den zweigeschossigen, würfelförmigen Wohnraum.
Im ersten Obergeschoß erfolgt die Erschließung über den zentralen Gang mit der einläufigen Treppe und der Liftanlage. In der Gebäudemitte liegt das Bad, an den Gebäudeenden je ein Schlafzimmer. Alle Räume sind gleichwertig. Fassadenanteile pro Zimmer erlauben Ausblicke in drei verschiedene Himmelsrichtungen.
Die hausinternen Wände bestehen aus Schrankfronten. Im südseitigen Zimmer läßt sich durch eine Schiebetür eine Verbindung zum Wohnraum herstellen. Die beiden Obergeschosse sind grundsätzlich gleich organisiert. Das Bad im zweiten Obergeschoß ist behindertengerecht ausgeführt. Die Schrankwände zwischen Gang und Zimmer sind alle mit Primärfarben gestaltet. Durch die Farbgebung erhalten die Zimmer eine eigene, unverwechselbare Atmosphäre. Vom südseitigen Raum führt eine Fenstertür hinaus auf die begrünte Dachterrasse über dem zweigeschossigen Wohnraum.

Erscheinungsbild

Das volumetrische Konzept besteht aus zwei einfache geometrischen Grundfiguren: Ein schlankes, dreigeschossiges Prisma wird von einem zweigeschossigen Kubus flankiert. Die beiden winkelförmig angeordneten, gegeneinander versetzten Baukörper stehen parallel zur Moränenkante und damit leicht abgedreht zur aufgeschütteten Straße.
Auf der Nordseite definieren die beiden Baukörper zusammen mit einer Baumgruppe einen Vorplatz mit Kiesbelag. Auf der Südseite ist dem Wohnhaus eine große Gartenterrasse vorgelagert. Eine breite Außentreppe führt hinunter auf das gewachsene Gartenterrain. Die Flachdächer kragen allseitig weit aus, um die Holzfassade vor Witterungseinflüssen zu schützen. Sie sind begrünt und teilweise begehbar.

Konstruktion

Das Untergeschoß und die Umgebungsmauern wurden in Massivbauweise, das Erd- und die beiden Obergeschosse als vorfabrizierte Holzrahmenkonstruktion hergestellt. Gebaut wurde ausschließlich mit ortsansässigen Firmen. Die Bauarbeiten begannen am 1. April mit der Erschließung, dem Aushub und den Massivbauarbeiten. Zur gleichen Zeit produzierte der Zimmermann in der geschützten Werkstatt die Wand- und Deckenelemente. Die Leerrohre für die Elektro- und Sanitärinstallation wurden bereits in die Elemente eingelegt. Nur wenige Wochen später wurde das gesamte Haus innerhalb von drei Tagen aufgerichtet. Die verschiedenen Wand- und Deckenelemente wurden geschoßweise auf die Baustelle transportiert, dort mit dem Kran versetzt, gerichtet und fixiert. Der betonierte Liftschacht wird statisch als zusätzliche Aussteifung genutzt.
Im Innenausbau wurden nichttragende Leichtbauwände und Schrankelemente zur Raumunterteilung eingesetzt. Bei der Wahl der Baumaterialien wurde sowohl auf die Umweltverträglichkeit als auch auf die Energiebilanz bei Produktion, Gebrauch und Entsorgung geachtet. Am 1. Oktober konnte das Haus nach nur sechs Monaten Bauzeit bezogen werden.

Oben: Durchblick in den großen Vorbau. Die notwendigen Ständer dienen auch als Raumteiler.

Unten: Der Eingang im Winkel des Vorbaues.

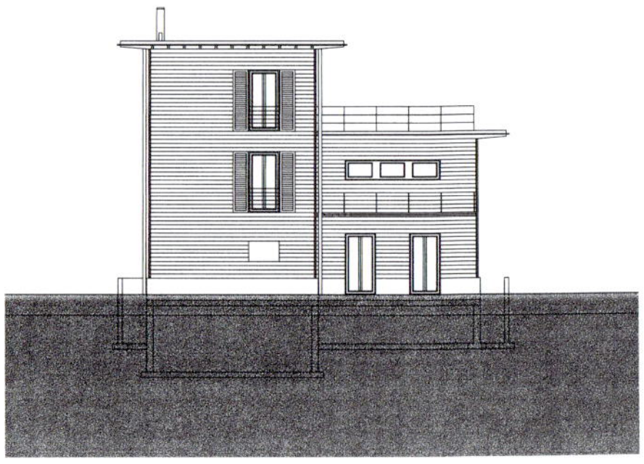

NORDFASSADE O.M.

Oben links: Der Blick aus dem vorgelagerten Wohnraum auf Eßplatz und Küche.

Daneben: Das Raumgefühl im zweigeschossigen Vorbau.

Unten: Die Galerie über dem Wohnraum.

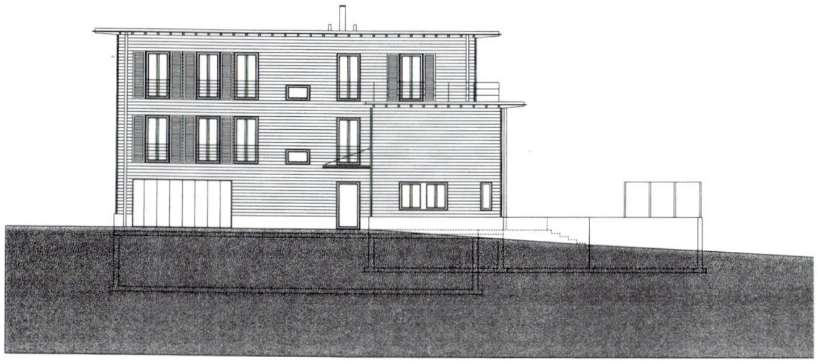

Westfassade o.M.

Die optisch über beide Geschosse reichenden Holzstützen verleihen dem Treppenhaus elegante Höhe.

Das durchgängig verlegte Parkett schafft die gewünschte optische Weite und Großzügigkeit.

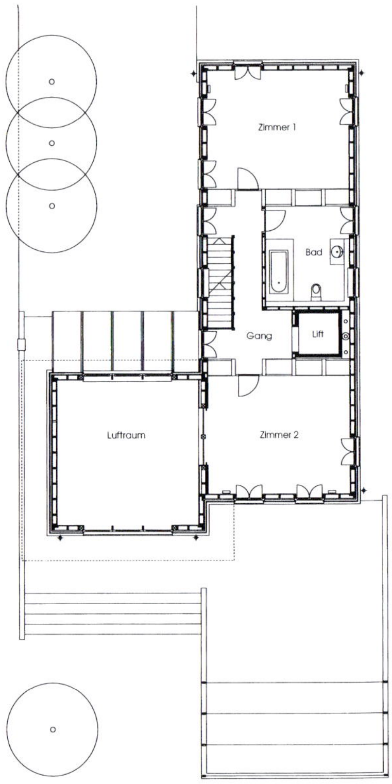

1. Obergeschoss

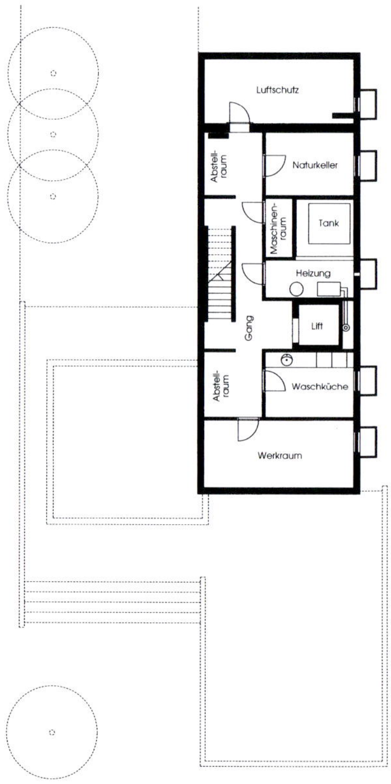

Untergeschoss

Baudaten

Grundstücksgröße:	1062 m²
Anzahl der Bewohner:	4
Wohnfläche:	389 m²
Zusätzliche Nutzfläche:	80 m²
Baukosten je m²	
Wohn- und Nutzfläche:	DM 3100,--
Baukosten je m³:	DM 850,--
Planungsbeginn:	01.04.1995
Baueingabe:	19.07.1995
Baubeginn:	01.04.1996
Bezug:	01.10.1996

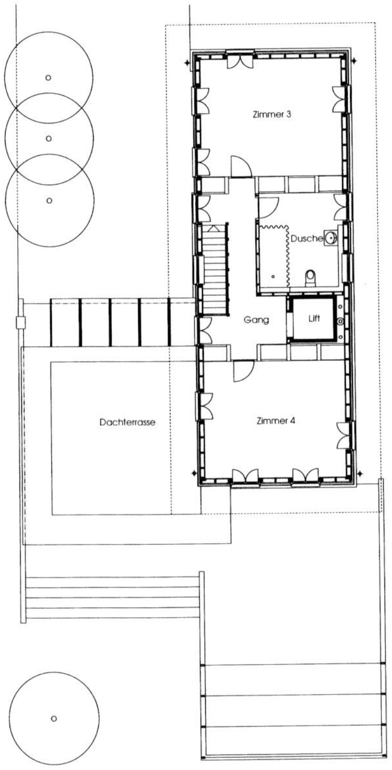

2. Obergeschoss

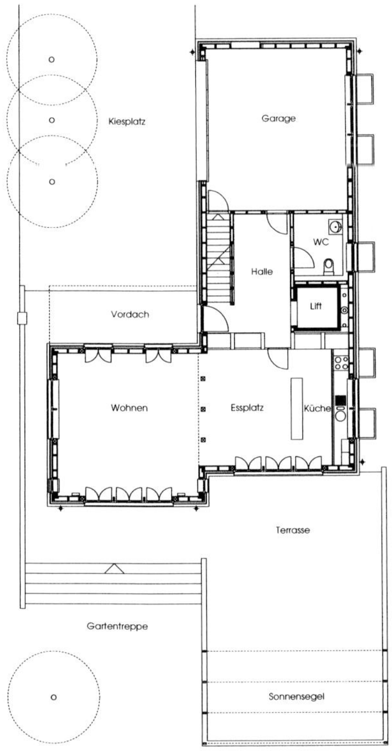

Erdgeschoss

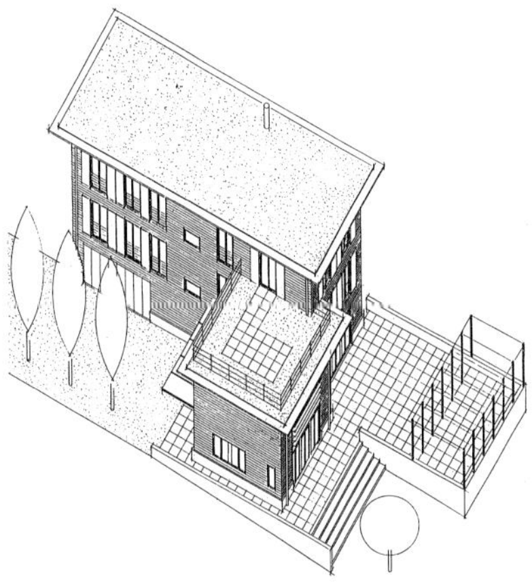

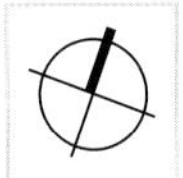

1:300

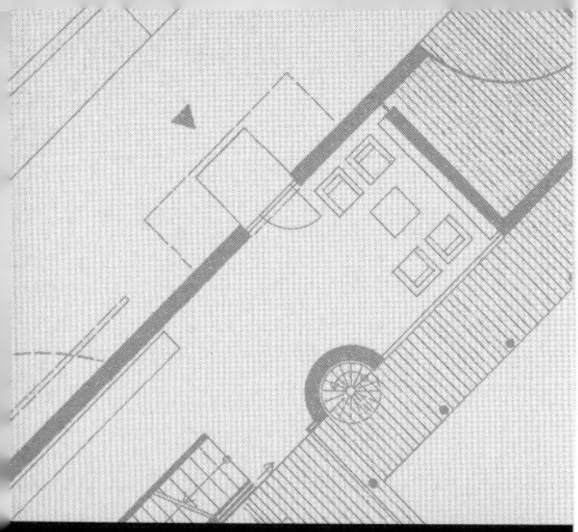

Stadthaus in Salzburg

Der Reiz der Baugeschichte

Architekten: Christine + Horst Lechner, Salzburg

Entwurfskonzept

Karl Friedrich Schinkels phantastischer Entwurf für Schloß Orianda auf der Krim war von Anfang an die wesentliche Anregung für das Entwurfskonzept und die Aufschlüsselung von Grundriß- und Aufriß des Gebäudes. Schinkel schrieb damals seiner Auftraggeberin: „Wegen der reizenden Verführung, den Geist immer nach außen schweifen zu lassen und der prächtigen, freien Lage auf malerischer Höhe…" wolle er ein Grundrißkonzept entwickeln, das sich in besonderer Weise sowohl nach außen als auch nach Innen richten sollte.
Ein ähnlicher Wunsch, wenn auch in anderen Dimensionen, liegt diesem Hauskonzept zugrunde.

Realisierung

Wegen des Straßen- und Anrainerlärms liegen die Schlafräume und Kinderzimmer im Erdgeschoß dem schützenden Gartenhof zugewandt. Das Wohnen im Obergeschoß wird zur „Beletage", sie nutzt die phantastische Aussicht auf den Fluß Salzach, auf die Festung Hohensalzburg, auf den Straßenraum und den Vorplatz zum Hauszugang. Der Dachpavillon in den Ästen der alten Eiche dagegen ruft phantasievolle Erinnerungen an die Kinderzeit im Baumhaus hervor.
Die Raumabläufe sind bei Eintritt in das Gebäude auf den Garten hin orientiert, mit Blickrichtung auf das Obergeschoß ebenso wie auf die Pergola. Im Wohngeschoß werden der Bereich der Terrasse und der Wintergarten und im Anschluß als Variante die offene Raumabfolge erlebbar.

Dem Entwurf lag der Wunsch zugrunde, dem bebauten Grund das verlorene Terrain auf den Flachdächern zurückzugeben. Darüber hinaus wurden alle Außenmauern mittels Spannseilen vollflächig bepflanzt, entweder vom Erdreich oder von den Terrassen aus. Der Wintergarten unterstützt diesen beabsichtigten Gebäudecharakter gemeinsam mit der bestehenden großen Eiche, die in reizvollem Dialog zum Baukörper steht.

Konstruktion und Materialien

Fundamente: Dichtbetonwanne 30 cm
Kellerwände: Dichtbetonwanne mit 8 cm außenliegender Wärmedämmung, innen verputzt
Aufgehendes Mauerwerk: Holzbetonmantelsteine mit Dämmung und Verputz
Zwischenwände: Tragende Wände in 25 cm Ziegel, Trennwände in 10 cm, Ziegel, Flächen verputzt
Decken: Stahlbeton mit 20 cm Wärmedämmung nach außen
Fußböden: Schwimmender Estrich mit Parkett
Innentüren: Vollbautüren als Dreh- und Schiebetüren, lackiert oder furniert
Stützen: Stahlbeton
Fassaden: Verputzt und weiß gefärbt
Fensterelemente: Holzfenster natur, einzelne in rot, grün, gelb und weiß akzentuiert
Heizung: Grundwasser-Wärmepumpe, Niedertemperatur-Bodenheizung in den Wohn- und Naßräumen, Wärmegebläse für Luftwärme aus dem Wintergarten in den Keller, Holzofen im Wohngeschoß

50

Oben: Die Eingangssituation. Ein gekonntes Spiel aus Flächen, Formen und Räumen, deren Grenzen oft nur angedeutet sind. Das Farbkonzept nimmt dem Bau jede Strenge, haften aber bleibt das architektonische Selbstbewußtsein.

Unten: Gartenambiente auf allen drei Ebenen mit ganz unterschiedlichen Qualitäten der Außenräume: „Hier kann der Geist nach innen und außen schweifen."

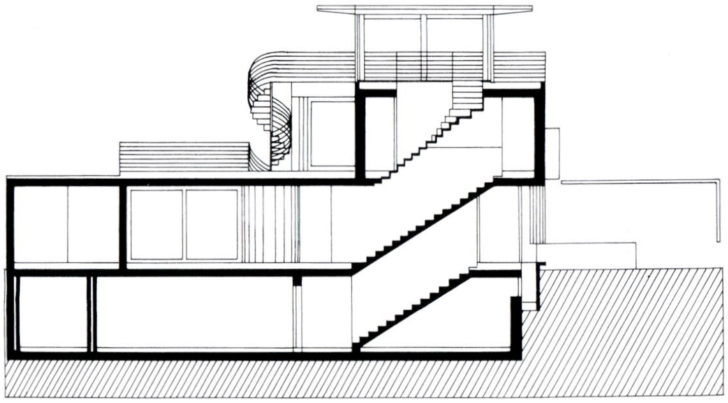

LÄNGSSCHNITT

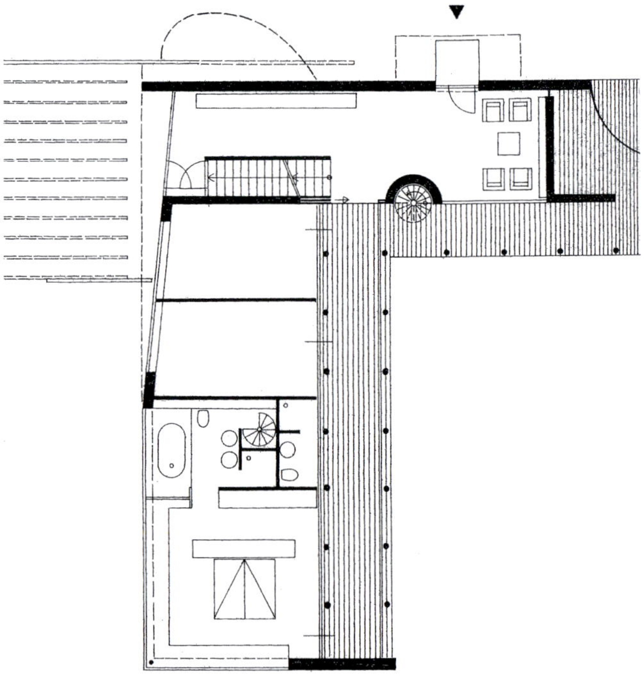

ERDGESCHOSS

Baudaten

Grundstücksgröße:	800 m²
Anzahl der Bewohner:	4
Überbaute Fläche:	386 m²
Wohnfläche:	245 m²
Zusätzliche Nutzfläche im Keller:	171 m²
Baukosten je m² Wohnfläche:	DM 3900,--
Eigenleistung:	Bauleitung
Fertigstellung:	1997

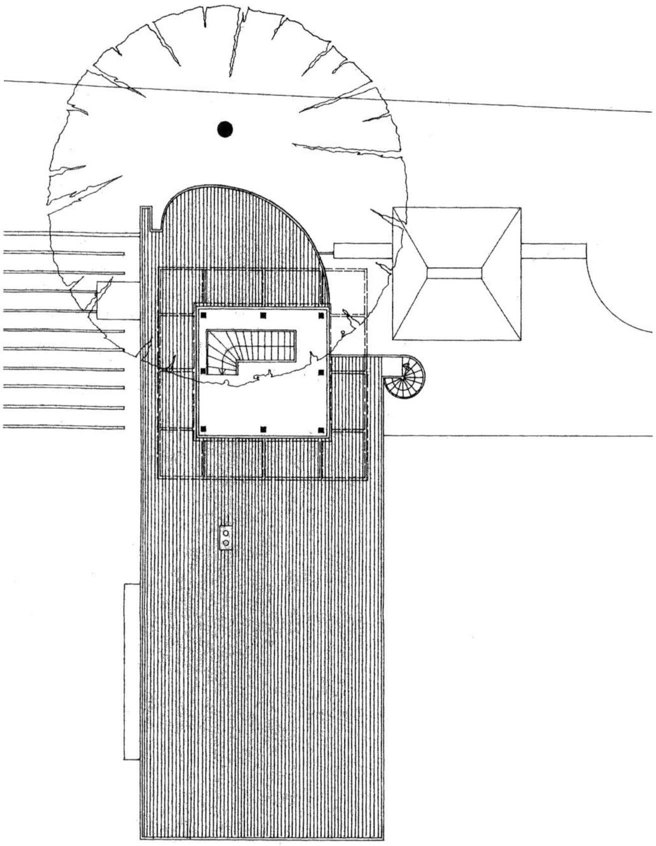

2. Obergeschoss

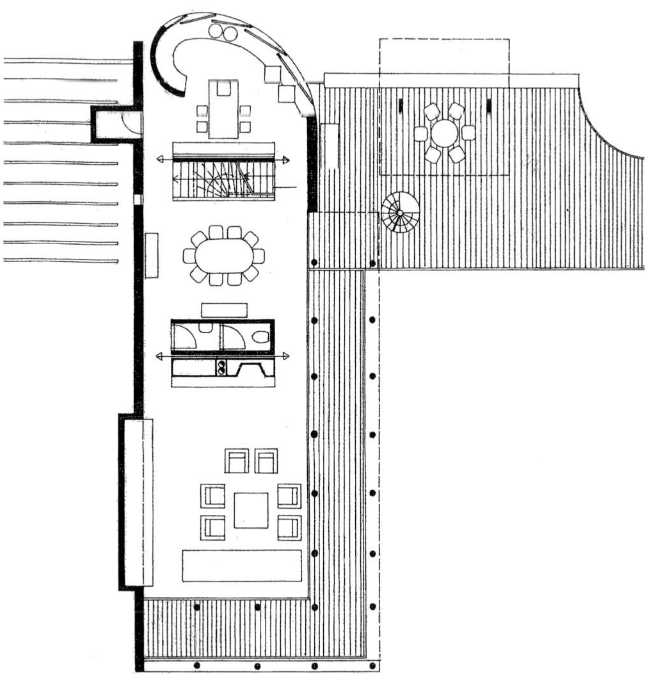

1. Obergeschoss

1:250

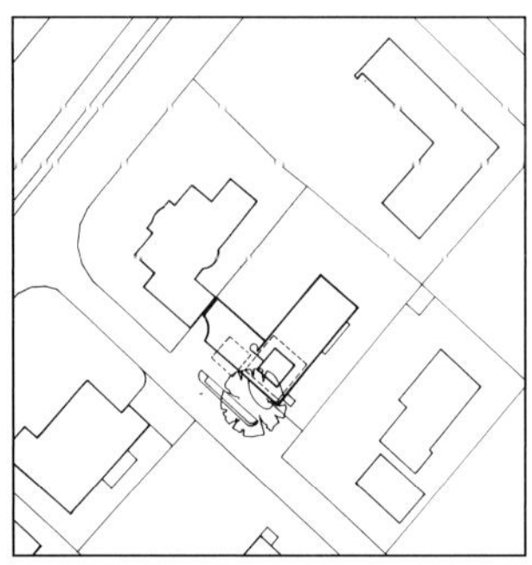

Lageplan 1:2000

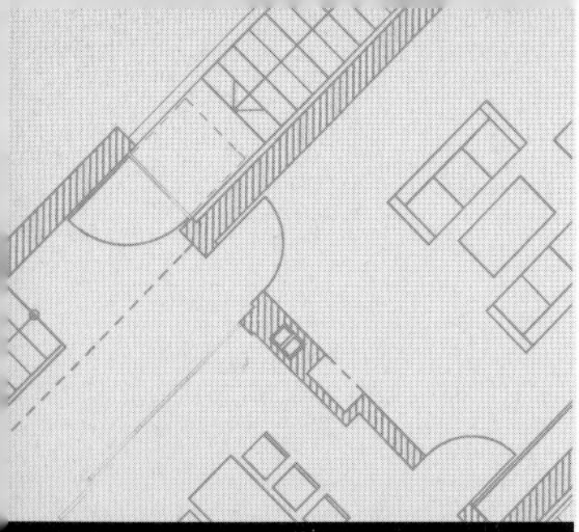

Wohnhaus in Wittenberg

Feinsinnige Bauplastik am Hang

Architekten: Leuschner Gänsicke, Wittenberg/Hamburg

Ausgangssituation

Das Grundstück befindet sich in einem Vorort der Stadt Wittenberg an einem idyllischen Waldrand. Aufgrund der topografischen Situation schiebt sich das Untergeschoß zur Straße aus dem Südhang heraus. Dadurch zeigt sich zur Straße hin ein dreigeschossiger Baukörper, der zur Reduzierung der Baumasse im Obergeschoß zurückgestaffelt ist. Durch die Plazierung des Hauses an der nordöstlichen Grundstücksgrenze wird eine maximale Gartenfläche nach Südwesten erreicht.

Realisierung

Das Gebäude ist in zwei Teile gegliedert: in den holzverkleideten Wohntrakt und in einen Erschließungsteil, der sich in Form einer orangeroten Wandscheibe um den Hauptbaukörper legt. Durch Glasfugen und Materialwechsel sind beide Teile deutlich voneinander getrennt.
Das räumliche Konzept schichtet sich vertikal in drei Ebenen, mit den Garagen- und Nebenräumen im Untergeschoß, der Wohnebene im Erdgeschoß mit unmittelbarem Zugang zur Freifläche mit Terrasse und Schwimmbad und die Schlafebene im Obergeschoß. Horizontal gliedern sich die Ebenen jeweils in den südwestlich orientierten Wohn- und Schlaftrakt sowie den nordöstlichen Erschließungsbereich.
Dem funktionalen Konzept folgt die Baukörpergestaltung mit großflächiger Öffnung nach Südwesten zur Sonne und dem nahezu völligen Schließen der Fassade nach Nordosten. Wesentliche gestalterische Mittel sind der Kontrast des klaren kubischen Baukörpers zum umgebenden Landschaftsraum auf der einen Seite, die materialgerechte, harmonische Einfügung in den Waldrand auf der anderen. So ist der Hauptbaukörper vollständig mit unbehandeltem Zedernholz verkleidet. Die zweigeschossige, sich nach Norden um das Haupthaus legende Wandscheibe ist dagegen in einem warmen Orangerot verputzt, vom Dach durch ein Oberlichtband abgesetzt.
Die Fassaden des Hauptbaues leben vom Wechsel großflächiger, geschoßhoher Verglasungen in einer Aluminiumkonstruktion mit eingesetzten Holzfenstern und völlig geschlossenen, holzverkleideten Wandflächen. Als Sonnenschutz dienen horizontal vorgehängte Gitterrostelemente.

Konstruktion

Der Massivbau besteht aus tragenden Wandscheiben aus Porenbetonsteinen und Stahlbeton-Geschoßdecken, die Dachkonstruktion aus Holzbalken mit Folienabdichtung. Die Beheizung des in Niedrigenergiestandard errichteten Gebäudes erfolgt über einen Gas-Brennwertkessel. Auf eine ursprünglich geplante solare Energieerzeugung für das Brauchwasser wurde aus Kostengründen verzichtet.

Vorangehende Seite: Zur Südseite zeigt das Haus stattliche drei Geschosse. Der Sonnenschutz vor den beiden Wohnebenen streckt sich dem Betrachter wie der Schirm einer Mütze entgegen, die Fassade wird zur prägnant gebauten Physiognomie.

Oben: Die Seitenansicht verdeutlicht die topografische Situation.

Unten: Die an der Ostfassade positionierte Treppe ins Obergeschoß.

Die der Sonne zugewandte, halboffene Westfassade mit weiten Sonnenschutzüberständen.

Rechts: Ein überzeugendes Ensemble: Ein selbstbewußtes, zeitloses Haus, eine präzis gestaltete Vorgartensituation und eine in der Botschaft eindeutige Grundstückseinfassung.

Gegen Einsicht auf der Terrasse schützt der angeböschte Hang, die ausladende Mauer gibt räumlichen Halt und ist gleichzeitig wichtiges formales Gegengewicht zur betonten Vertikalen des Baukörpers.

Einfache, aber sinnvolle Details. Die seitliche Einfassung des Vordaches lenkt das Wasser, handelsübliche Industrieroste dienen als Sonnenschutz.

Baudaten

Grundstücksgröße:	1000 m²
Anzahl der Bewohner:	3
Wohnfläche:	218 m²
Zusätzliche Nutzfläche:	107 m²
Baukosten je m²	
Wohn- und Nutzfläche:	DM 2120,--
Eigenleistung:	Außenanlagen
Baujahr:	1996

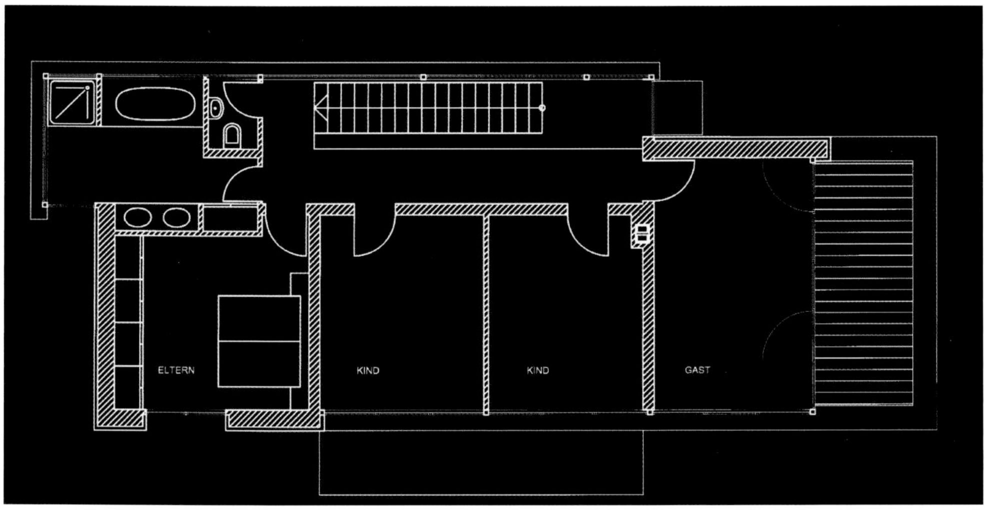

Obergeschoss

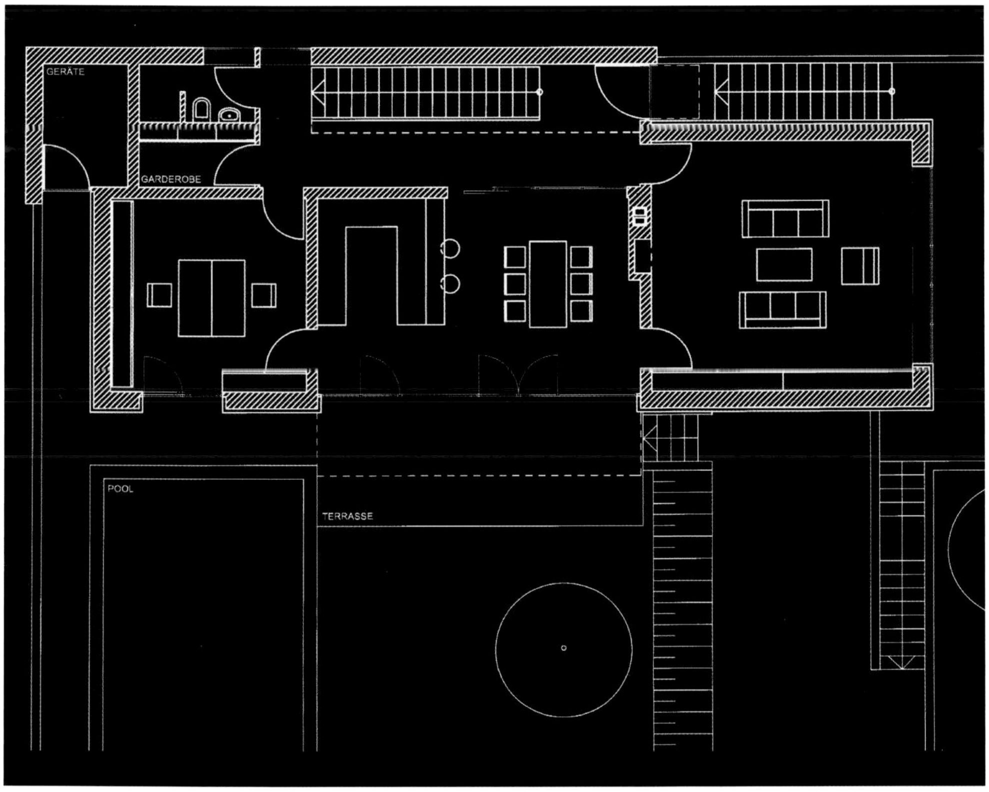

Erdgeschoss

1:150

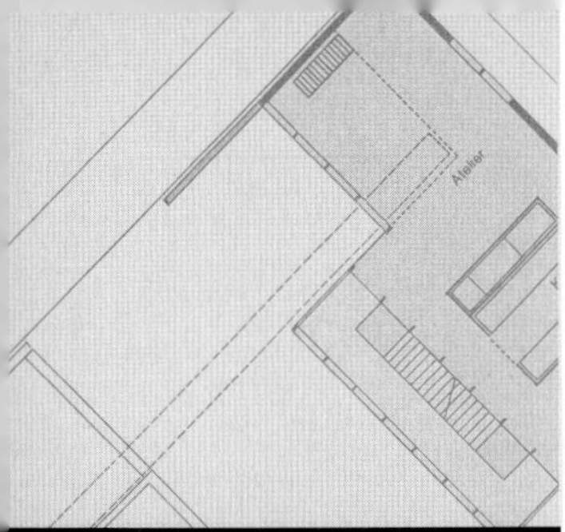

Wohnhaus in Deißlingen

Wer im Holzbau Maßstäbe setzen will, muß mit den Sehgewohnheiten brechen

Architekten: Linie 4 BDA, Konstanz

Grundstückssituation

Das Baugrundstück befindet sich in einem Gebiet, das von Einfamilienhäusern mit Satteldächern aus den 60er und 70er Jahren bestimmt wird. Es ist Teil eines größeren Geländes, auf dem bereits ein Gebäude der Familie steht, das als Elternhaus genutzt wird. Das Gelände selbst, am Südhang gelegen, zeichnet sich durch die Blickbeziehung zum Dorfkern und auf die Höhen der Schwäbischen Alb aus.

Raumprogramm

Das Gebäude wird als Wohn- und Atelierhaus genutzt, seine drei Ebenen werden über einläufige Treppen erschlossen. Im Erdgeschoß befinden sich das zweigeschossige Atelier und der Koch- und Wohnraum, im Untergeschoß sind die Nebenräume und die Haustechnik untergebracht, im Obergeschoß die Schlafräume.

Architektur

Der neue Baukörper nimmt die Formensprache des bestehenden Hauses auf, das auch als Ateliergebäude genutzt wird, interpretiert diese neu und knüpft Bezüge über Zugangsweg, Terrasse und Innenhof – die Gebäude werden zum erlebbaren Ensemble.
Die Ebenen des Neubaus sind nur durch Wandscheiben und Möbel gegliedert. Schiebetüren ermöglichen die Trennung in Einzelräume oder lassen jedes Geschoß in geöffnetem Zustand zum Einraum werden. Über das zweigeschossige Atelier und das über drei Geschosse offene Treppenhaus erschließt sich das Haus in der Vertikalen. Durch die Verglasungen und die nach außen zu öffnenden Fenster verbindet sich der Innenraum mit der Umgebung.

Konstruktion

Der dreigeschossige Holzbau steht in einer wasserdichten Betonwanne. Die Konstruktion, mit Stützen im Querschnitt von 6/16 Zentimetern, welche über drei Geschosse durchlaufen, wurde als Holzskelett erstellt. Dach und Decken sind als vorgefertigte Elemente zwischen die Stützen montiert, sie spannen über die gesamte Hausbreite. Den Abschluß bildet ein extensiv begrüntes Dach mit Folienabdichtung. Geschlossene Fassadenelemente wurden mit Zellulosestoffen gedämmt und diffusionsoffen ausgeführt. Die Wandelemente sind mit hinterlüfteten Flachbrettschalungen in Lärchenholz beplankt. Die Fensterelemente sind geschoßhoch und öffnen nach außen, der Treppenraum ist transluzent festverglast.

Energiekonzept

Die nach Süden verglasten Fassaden ermöglichen eine optimale Ausnutzung der passiven Solarenergie. Die tiefstehende Wintersonne strahlt in das Gebäude, im Sommer sorgen Dachüberstand und Lamellenroste für Beschattung. Die Nordfassade ist geschlossen, um den Energieverlust zu verringern. Das begrünte Dach sorgt für zusätzliche Dämmung, verhindert Auskühlung und Aufheizung. Die Hauptenergieversorgung erfolgt über eine Heizanlage mit Gas-Brennwerttechnik. Sie ist über einen bivalenten Speicher-Wassererwärmer mit einer Solaranlage gekoppelt. Das Solarsystem mit Vakuum-Röhrenkollektoren deckt während der Sommermonate den gesamten Wärmeenergiebedarf des Hauses.
Die Wasserversorgung wird ergänzt durch eine Regenwasser-Nutzungsanlage, deren gefiltertes Wasser für die WC-Spülung, die Waschmaschine und die Gartenbewässerung genutzt wird.

Ein Holzbau ohne ideologisch erhobenen Zeigefinger, vielmehr ein gekonntes Entwurfskonzept, das sich die Vorzüge dieses Werkstoffes zunutze macht.

Links: Hinter dem japanisch-gläsernen Kubus verbirgt sich der Treppenaufgang. Nicht nur nachts eine gelungene Bauskulptur.

Unten: Nicht immer werden die Fenster alle so dekorativ geöffnet sein, das Bild zeigt aber, wie raffiniert sich im Detail mit Holz gestalten läßt.

Oben: Ein Gartenhof, der seine Qualität aus der Ästhetik bezieht, die Natur ist skulptural vertreten.

Das hohe Vordach dient als Sonnenschutz, seine Stütze markiert den Außenraum, der in gekonnt formalem Gegensatz zum Gartenhof steht.

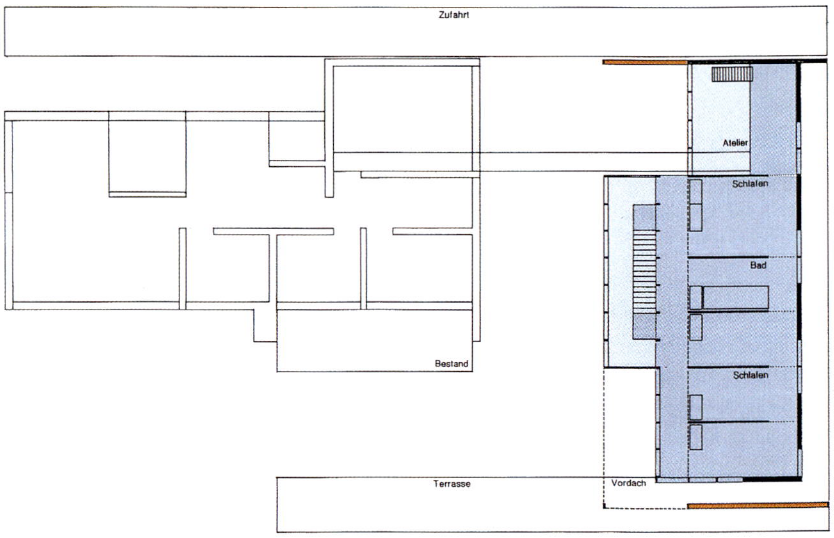

Obergeschoss

Schiebetüren grenzen das Bad ab. Es besticht durch die Einfachheit der eingesetzten Mittel.

Die Linie als Entwurfskonzept – im Gebäudeinneren schaffen glatte Flächen den optisch notwendigen Gegenpol.

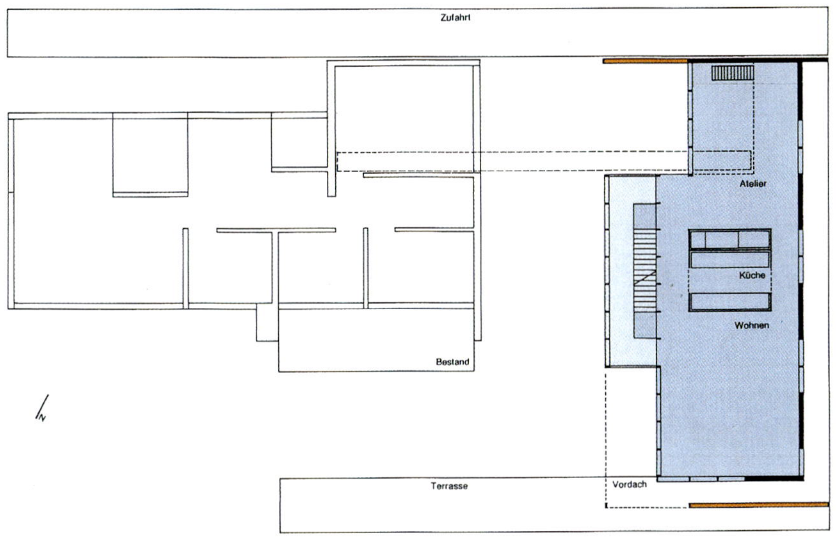

ERDGESCHOSS

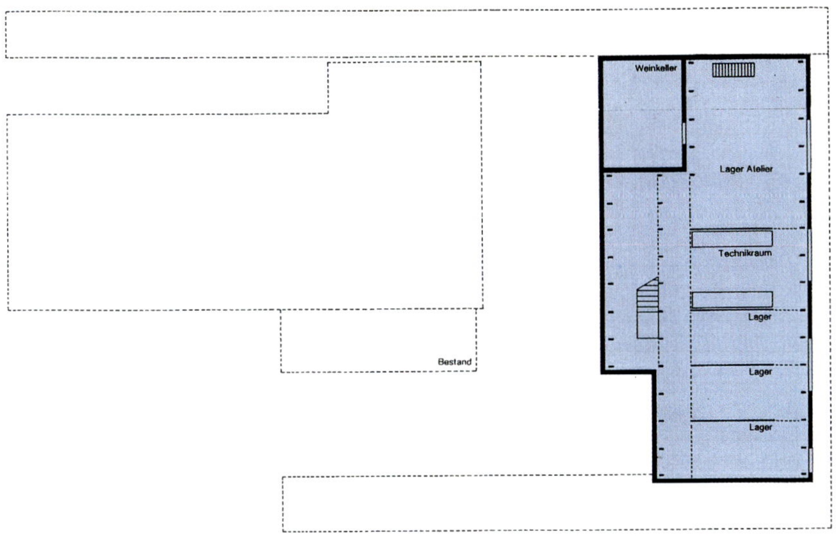

HANGGESCHOSS

1:300

Baudaten

Grundstücksgröße:	Keine Angabe, da Teil einer Gesamtanlage
Anzahl der Bewohner:	5
Wohnfläche:	212 m²
Zusätzliche Nutzfläche im Keller:	105 m²
Baukosten je m² Wohn- und Nutzfläche:	DM 2275,--
Baukosten je m³ umbauter Raum:	DM 568,--
Eigenleistung:	ca. DM 35 000,--
Bauzeit:	Fünf Monate
Baujahr:	1997

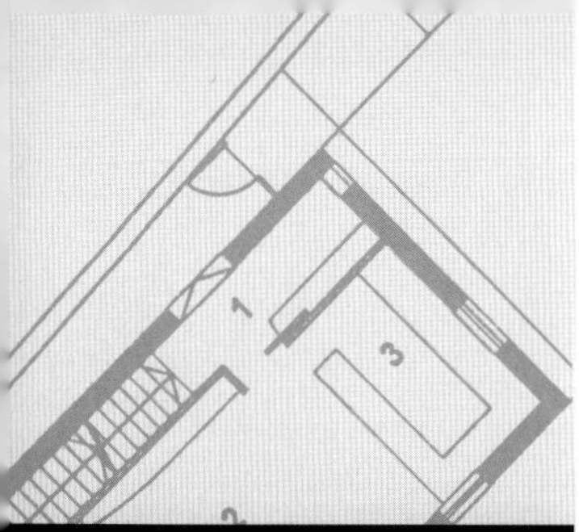

Wohnhaus am Bodensee

Architektur, die Haltung zeigt

Architekt: Peter Lorenz, Innsbruck/Wien

Ausgangssituation

Der Entwurf war erst nach einer Änderung der unseligen Gestaltungsverordnung der zuständigen Gemeinde möglich, wobei der Genehmigungsprozeß zwei Jahre dauerte. Inmitten einer Siedlungsgegend entstand eine Anlage aus zwei mit dem Boden verbundenen, burgartigen Kuben, dem hohen, an südliche Vorbilder erinnernden, klimabedingt aber verglasten Innenhof, dem zum Himmel gehörenden, abhebenden Dach sowie einer Leitmauer, die sich mit dem Flugdach für die Fahrzeuge kreuzt. Spiel mit dem sinnlichen Erleben von Räumen vielfältiger Atmosphären, introvertiert-extrovertiert, innen-außen, sicher-unsicher, hoch-nieder und so fort. Ein englischer Kritiker nannte den Entwurf ein Spiel mit Unsicherheit und Identität.

Bekenntnis

„Ich möchte, daß meine Architektur zum Denken anregt. Wenn das gewohnte Sehbild gestört wird, beginnt der Kopf zu arbeiten. Wenn die Leute an diesem Haus vorbeigehen und feststellen, daß es noch nicht gestrichen ist, weil ich einen naturbelassenen Kieselwurfputz verwendet habe, freut es mich. Der Anstrich ist für mich eine Form von Luxus, und wer sich ein Haus und einen Architekten leistet, sollte nach außen hin Bescheidenheit signalisieren". So verzichtete der Architekt auch auf ein zusätzliches Haus für die Autos, das Flugdach über dem Abstellplatz bietet ausreichend Schutz vor Nässe und Schnee. Verschwenderisch geht er dagegen mit dem Licht um. Der wie eine luftige Gartenhalle konzipierte, zweigeschossige Zentralraum lebt vom ständig wechselnden Licht, das durch die verglaste Gartenfront einerseits und das Glasdach des Rampenflurs andererseits dringt. Mit dem Wechselspiel von offenen und höhlenartigen Räumen und mit unverfälschten Materialien erreicht der Architekt sein anspruchsvolles Ziel: „Architektur soll die Sinne des Menschen stimulieren."

Wie Ausrufezeichen markieren die Fenster die Fassade, deren virtuos arrangierte Proportionen im Zusammenspiel mit den Negativräumen das Prädikat Baukunst für dieses Haus rechtfertigen.

Im Zugang nimmt sich der Baukörper gestisch zurück. Hier soll niemand eingeschüchtert werden.

Die Dachterrasse setzt der großartigen Aussicht eine minimalistisch-gläserne Architektur entgegen. Jede Heimeligkeit wäre hier unangebracht.

Ganz links: Blick aus der großen Wohnhalle in die gläsern überdachte Eingangszone, die auf der ganzen Länge als Galerie dient.

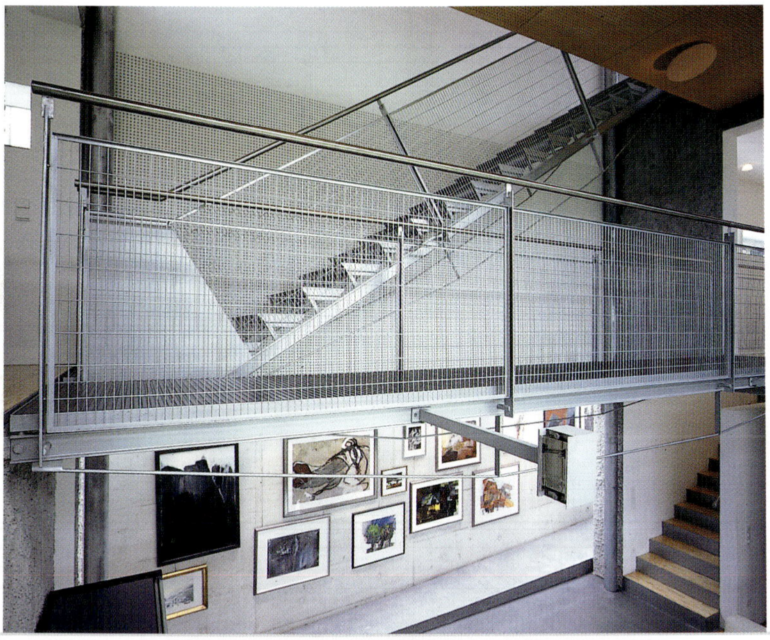

Die Brücke, die die Schlafräume im Obergeschoß verbindet. Die Stahltreppe erschließt den gläsernen Pavillion.

1:250

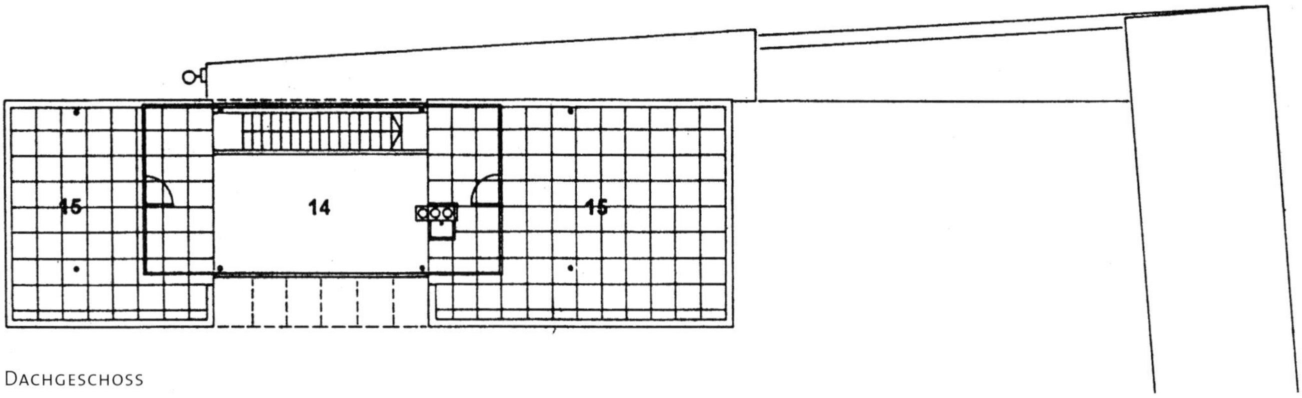

Dachgeschoss

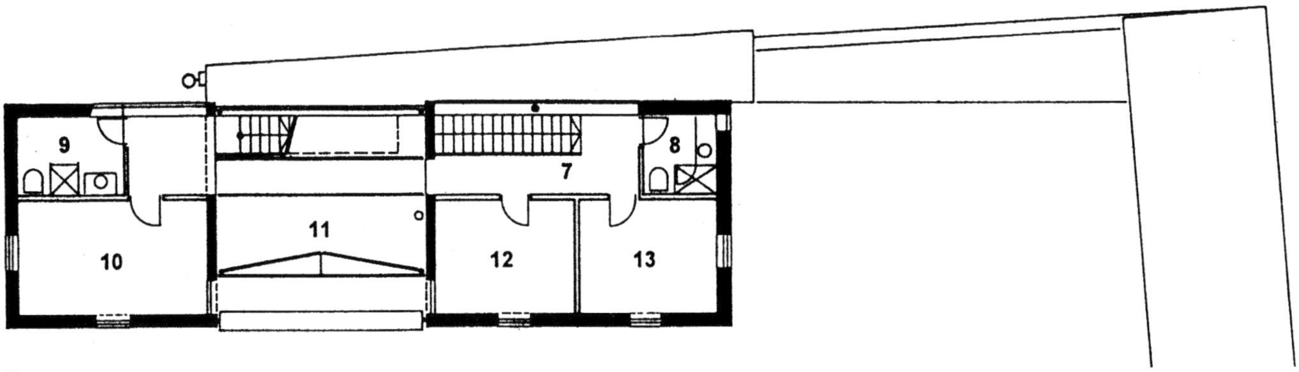

Obergeschoss

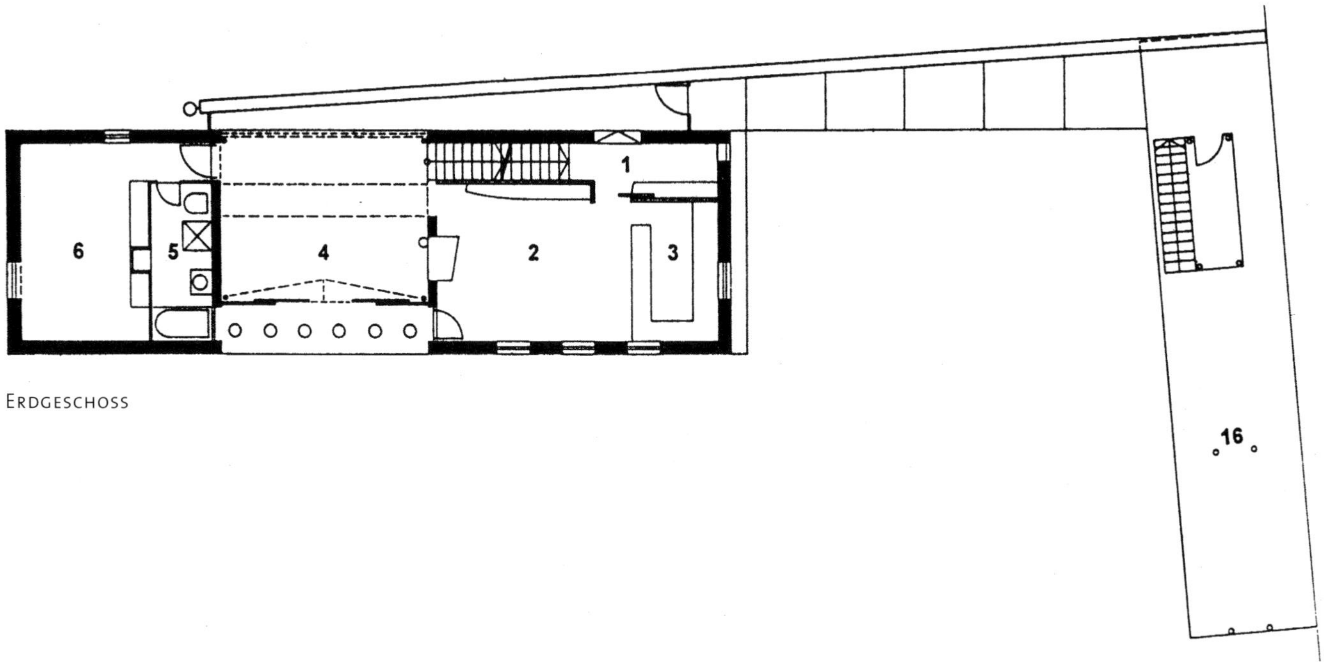

Erdgeschoss

Baudaten

Grundstücksgröße:	926 m²
Anzahl der Bewohner:	5/1
Wohnfläche:	162 m²
Wohnfläche Einlieger:	36 m²
Zusätzliche Nutzfläche:	67 m²
Baukosten je m²	
Wohnfläche:	DM 2580,--
Bauzeit:	10 Monate

Formale Strenge auch im Bad, für disparate Unordnung sorgen die notwendigen Lebensutensilien.

Von der Galerie aus läßt sich das faszinierende Volumen des Hauses mit seinen Außenbezügen erleben. Vertraute Raumdimensionen dagegen im offenen Küchen- und Eßbereich, an den sich die zweigeschossige Wohnhalle anschließt.

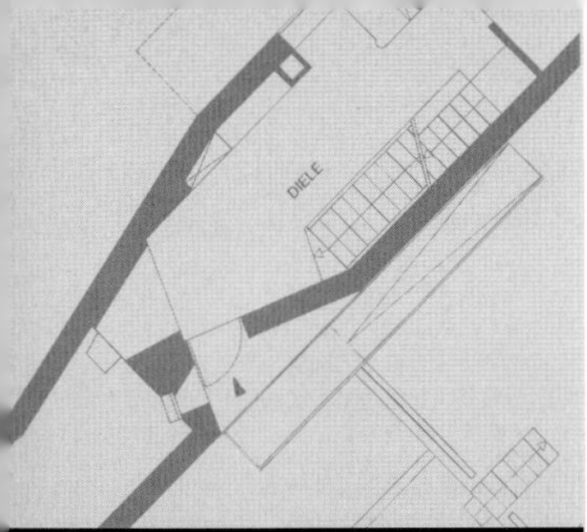

Baukunst als Entwurfsverpflichtung

Architekt: Professor Christoph Mäckler, Frankfurt/Berlin

Die Bauaufgabe

Ein Keltergebäude aus dem 16. Jahrhundert sollte durch einen Anbau den Bedürfnissen einer Familie mit fünf Kindern angepaßt werden.

Der Entwurf

Der Anbau wird dem denkmalgeschützen Gebäude in eigenständiger Formensprache gegenübergestellt, seine Schmalseite weist zum Bodensee, von dem aus das alte Kelterhaus im Ensemble dominant bleibt.
Genau besehen, besteht der Neubau aus zwei Teilen: Über einem horizontal gelagerten Quader schwebt auf Piloti gestützt ein langgestreckter polygonaler Baukörper, der mit dem Altbau durch einen verglasten Steg verbunden ist. Der Eindruck des Schwebens wird durch die langgestreckte, den Unterbau überkreuzende Gestalt erzeugt. Die weiße Putzoberfläche und die verglasten Ecken verstärken diesen Eindruck. Zugleich scheint sich ein Kubus aus dem Gebäude zu lösen, in ihm ist das Bad untergebracht. Seitwärts hebt sich ein Austritt von der Fassade ab.
Im Gesamteindruck lichtet sich das Gebäude vom horizontalen Sockel unten zum vertikalen Oberbau hin auf, es wird zunehmend transparent und löst sich dabei in seine einzelnen Elemente auf, ohne jedoch fragmentiert zu wird.

Vorangehende Seite: Architektur als Ausrufezeichen: Feinfühliger Respekt vor der Substanz, aber deutliches Bekenntnis zur formal-konstruktiven Moderne.

Oben: Das Ensemble als kongenialer Dialog zwischen Tradition und Avantgarde.

Rechts: Der Ausguck, maritim inspiriert.

Lageplan 1:1000

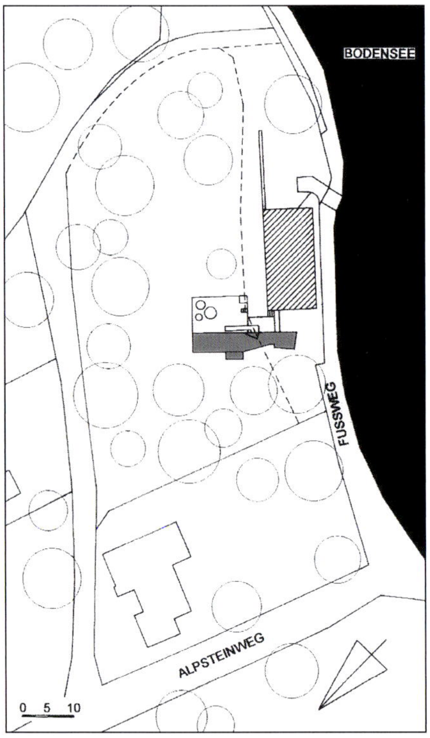

Die vom Altbau abgewandte Fassade: Man vermutet das Zitat, und doch ist alles neu und originär – ein stimmungsvolles Geflecht aus Kuben, Flächen, linearen Strukturen und Farben, das den Anspruch an Baukunst einzulösen versteht.

Rechts: Der Zugang von der Landseite, ein sparsam detaillierter Steg. Ein freundliches Gelb empfängt den Eintretenden.

Ganz rechts: Die gläsernen Süd-West-Erker – Kommandobrücken für den Blick über den Bodensee.

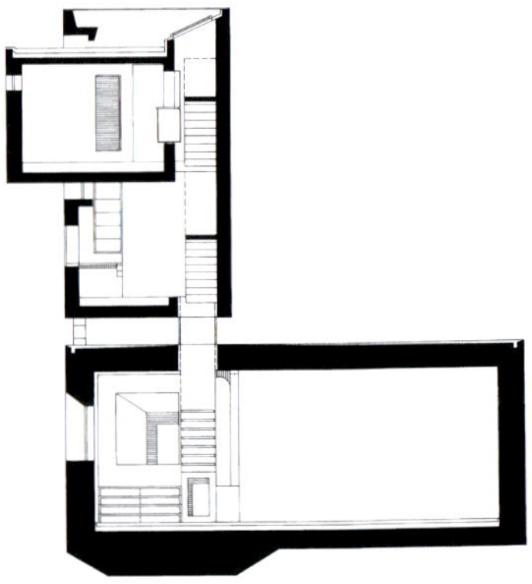

QUERSCHNITT

Das Innere des Erkers. Minimalistisches Detail. Die Fenster haben unterschiedliche Öffnungsfunktionen für Luft und inszenierte Aussicht.

Links: Im Treppenhaus dominiert der Sichtbeton als innere Fassade, im Innenraum dagegen beeindruckt das gekonnte, kontrapunktisch eingesetzte Detail.

Unten: Gestalterische Askese im Bad, Illusionseffekte in der Sauna – Ein- und Aussichten aus dem Füllhorn eines virtuosen Architekturateliers.

Baudaten

Grundstücksgröße:	Keine Angabe
Anzahl der Bewohner:	7
Überbaute Fläche:	163 m^2
Wohnfläche:	181,6 m^2
Zusätzliche Nutzfläche:	60 m^2
Umbauter Raum:	1239 m^3
Baukosten je m^2	
Wohnfläche:	Keine Angabe
Baubeginn:	Frühjahr 1994
Fertigstellung:	Herbst 1995

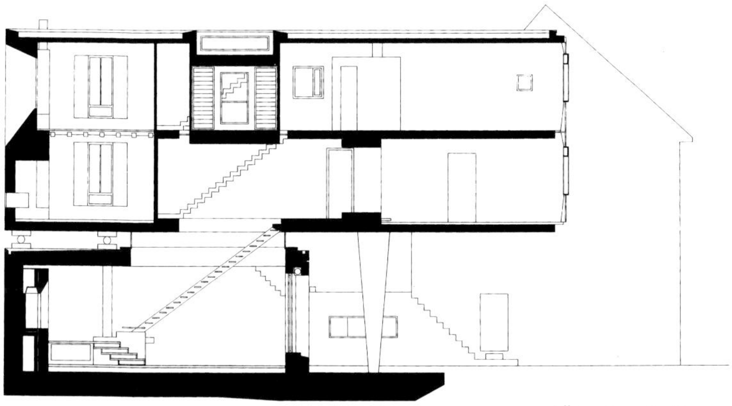

Längsschnitt

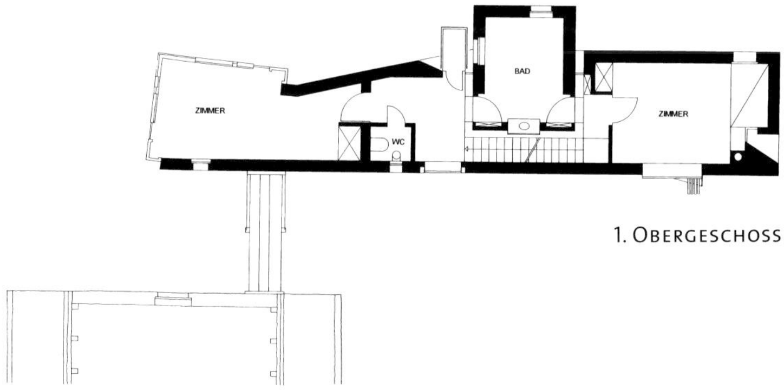

1. Obergeschoss

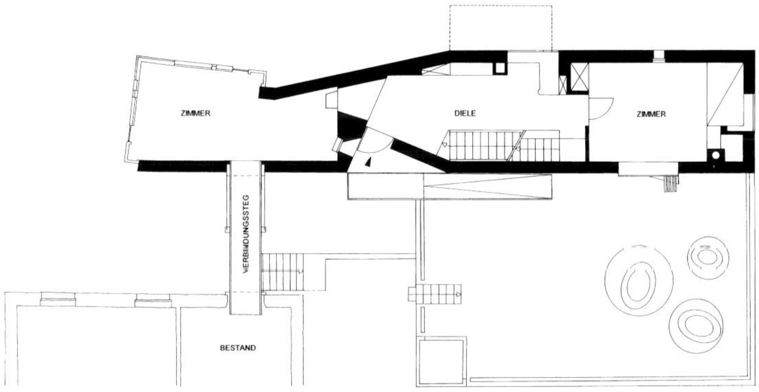

Erdgeschoss

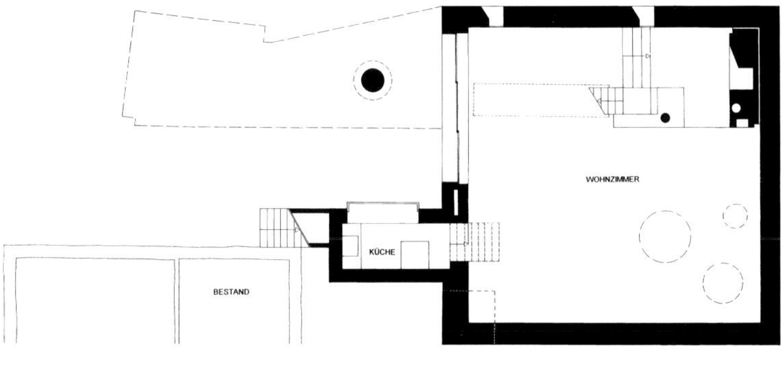

Untergeschoss

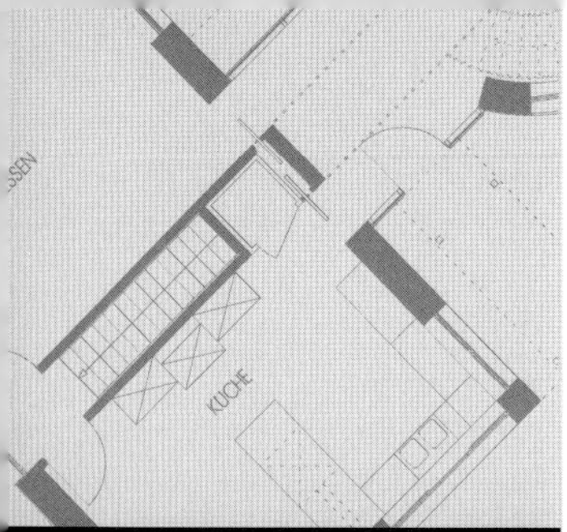

Zwei Wohnhäuser im Taunus

Die Villa als gebautes Lebensgefühl

Architekten: Pfeiffer Ellermann Preckel, Lüdinghausen/Berlin

Ausgangssituation

Die zwei Bauherrenfamilien hatten ein Haus geerbt, das auf einem großen Grundstück in bester Lage in Bad Homburg stand. Da sich das 50er-Jahre Haus in einem schlechten Zustand befand, den Wohnansprüchen der beiden Familien nicht entsprach, das Grundstück 3500 Quadratmeter groß war und trotz der Größe ein weiteres Haus nicht gebaut werden konnte, entschlossen sich die Bauherren dazu, das bestehende Gebäude abzureißen und das Gelände in drei gleich große Grundstücke aufzuteilen, eines davon zu verkaufen und die verbleibenden mit ihren Häusern zu bebauen. Diese, an die Häuser von Ludwig Mies van der Rohe in Krefeld erinnernde Situation, war für die Architekten eine einmalig herausfordernde Gelegenheit.

Realisierung

Für beide Familien wurde, da das Raumprogramm nahezu gleich war, eine Serie von Entwürfen entwickelt, die alle miteinander korrespondierten und die beiden Bauherren vorgelegt wurden. Glücklicherweise wählte jede Familie einen anderen Entwurf aus, so daß die Häuser zwar miteinander harmonieren, sich jedoch sowohl in den Grundrissen, als auch in den außen- und innenräumlichen Qualitäten unterscheiden.
Beide Häuser stehen am Ende einer mit Einfamilienhäusern bebauten Straße. Aufgrund dieser Lage war es möglich, abweichend von der übrigen Bebauung, Häuser mit Flachdach durchzusetzen. Diese Bauform wurde den Bauherren vorgeschlagen, da man von den Dachterrassen aus über die Bäume hinweg einen weiten Blick auf Bad Homburg und den dahinterliegenden Taunus genießen kann.

Ein überzeugendes Bekenntnis zur traditionellen, aber lange verpönten Villenarchitektur.

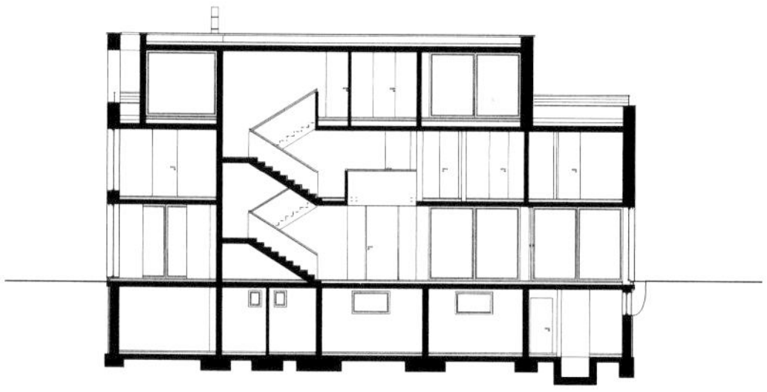

Schnitt 1 o.M.

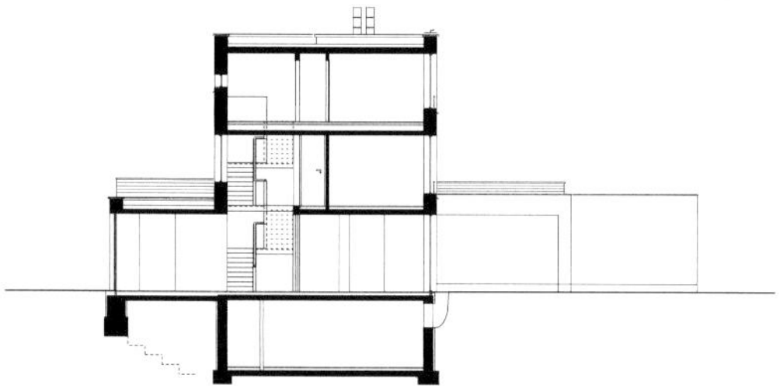

Schnitt 2 o.M.

Obergeschoss

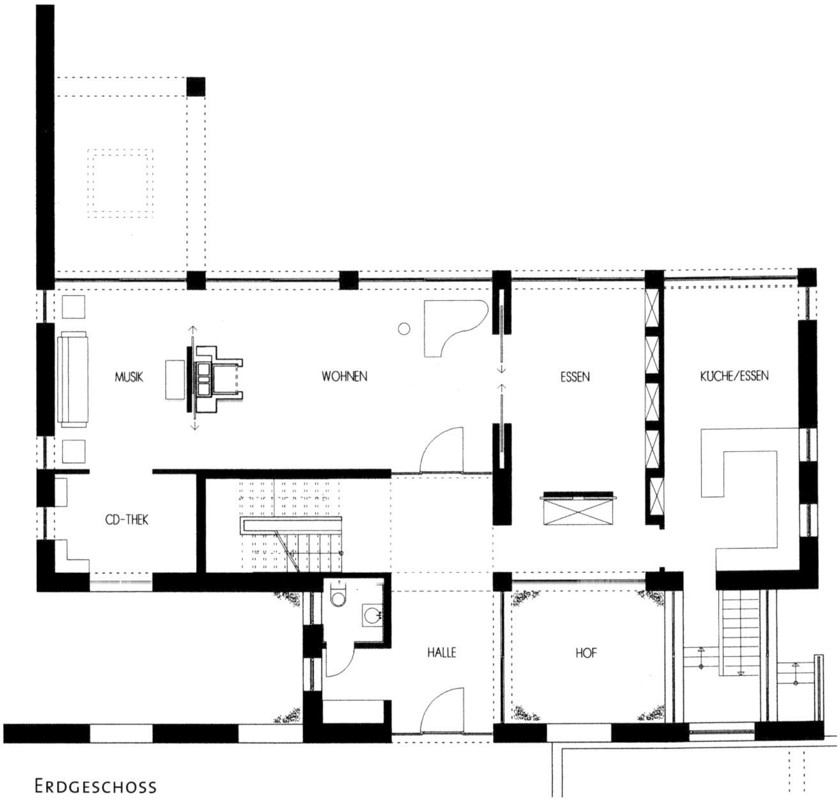

Erdgeschoss

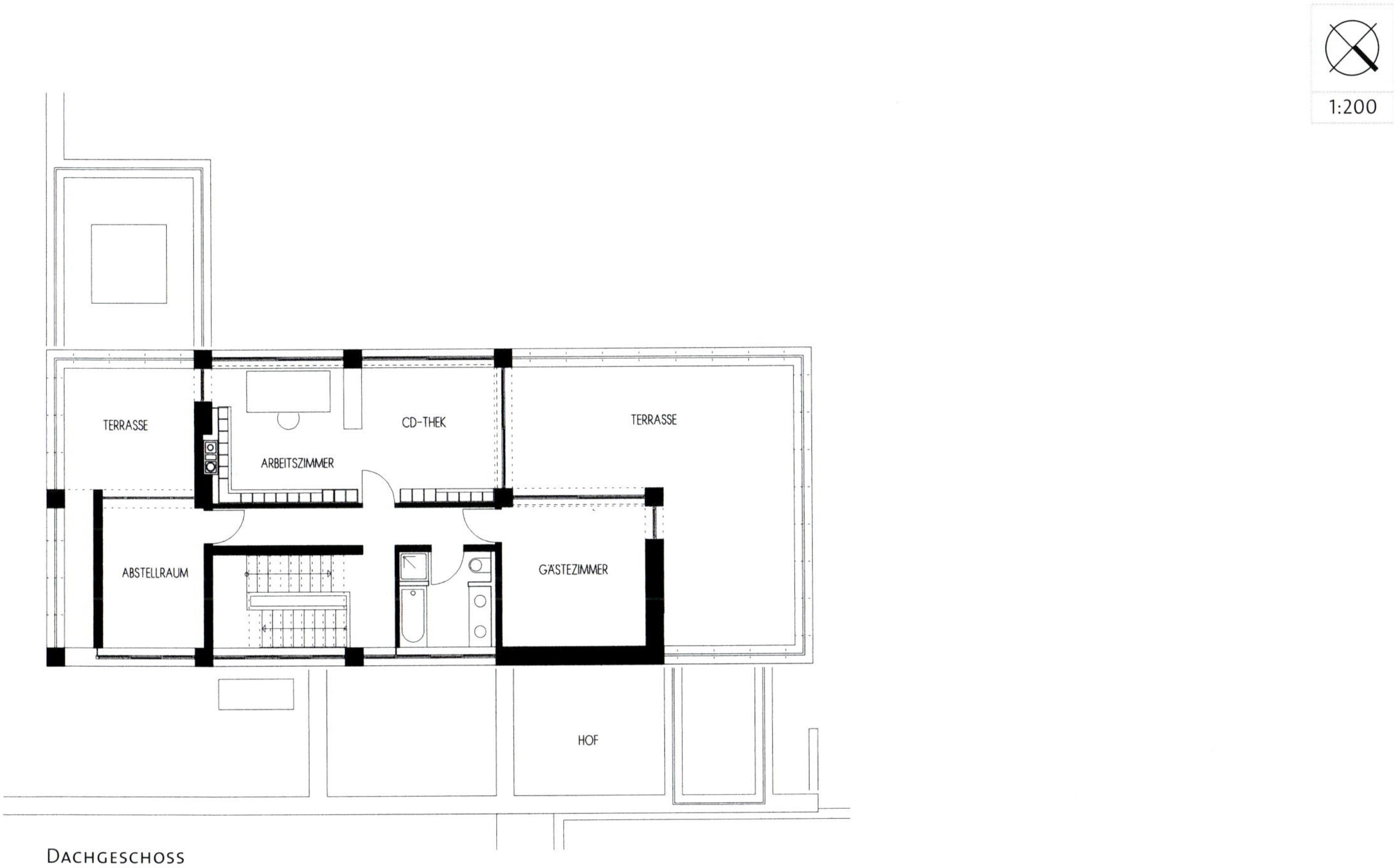

Dachgeschoss

Unten links: Die zweigeschossig angelegte, quadratische Eingangshalle.

Unten: So klar rhythmisiert sich die Fassade darstellt, so differenziert spiegeln die Fensterformate und Öffnungen die Funktionen der Geschosse wider.

Der in seiner Außenwirkung etwas dynamischer angelegte Baukörper hat eine korrespondierende innere Struktur.

Unten links: Das Bekenntnis zur Moderne ist deutlich, aber alle „Sprachlosigkeit" der Reduktion wurde überwunden – das Haus zeigt sein Gesicht.

Unten: das imposante Treppenhaus, in dem sich besonders die Großzügigkeit des Hauses erleben läßt – ein Bekenntnis auch der Lebensfreude.

Erdgeschoss

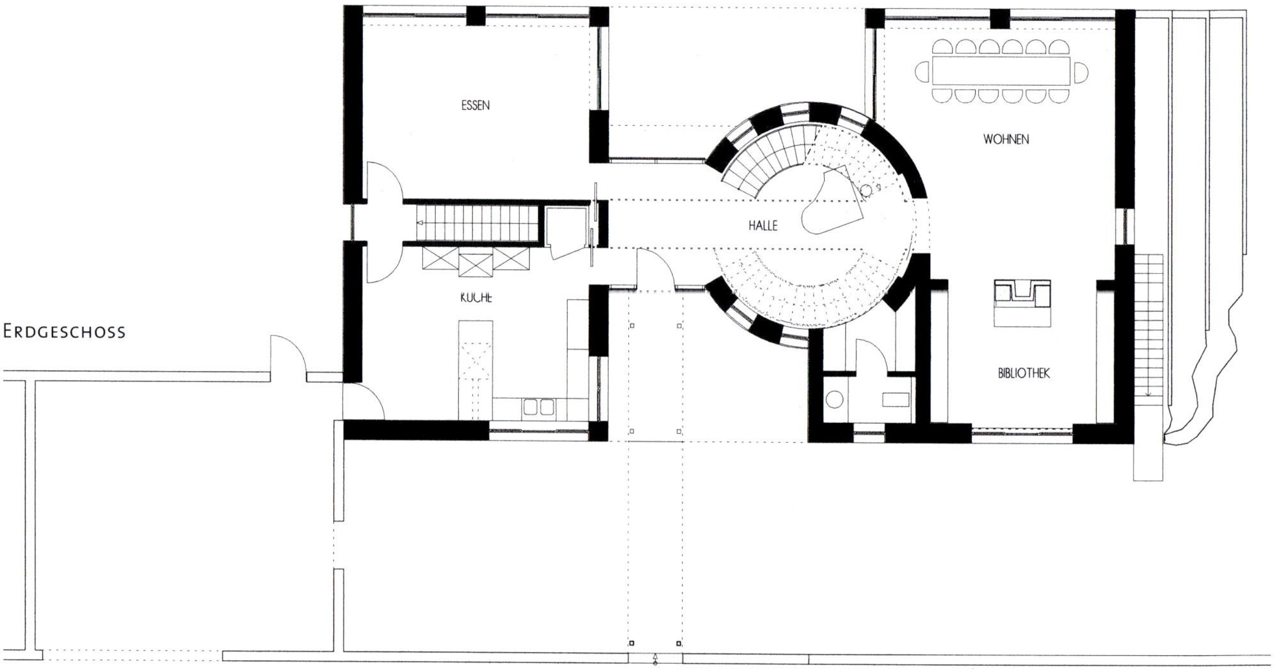

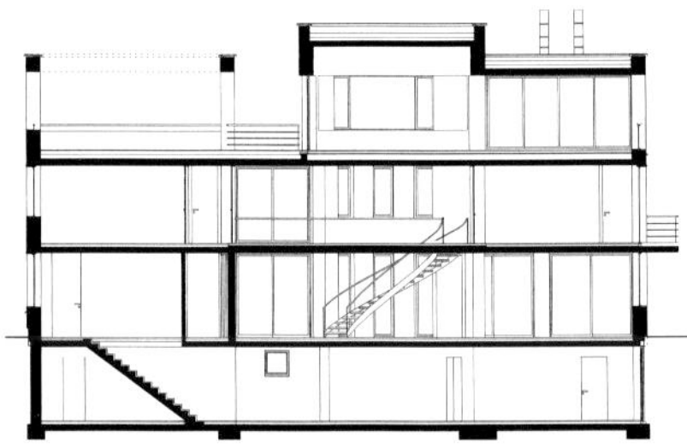

Schnitt 1 o.M.

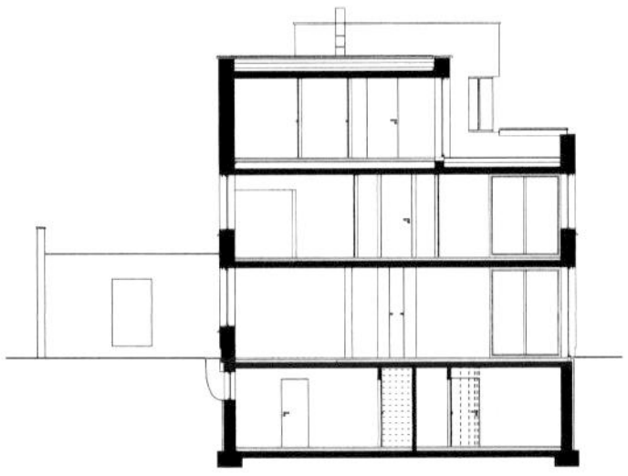

Schnitt 2 o.M.

Baudaten

Grundstücksgröße:	Je 1100 m^2
Anzahl der Bewohner:	Je 5
Wohnfläche:	223 / 265 m^2
Zusätzliche Nutzfläche:	162 / 131 m^2
Baukosten je m^2	
Wohnfläche:	Keine Angabe
Baujahr:	Beide 1997

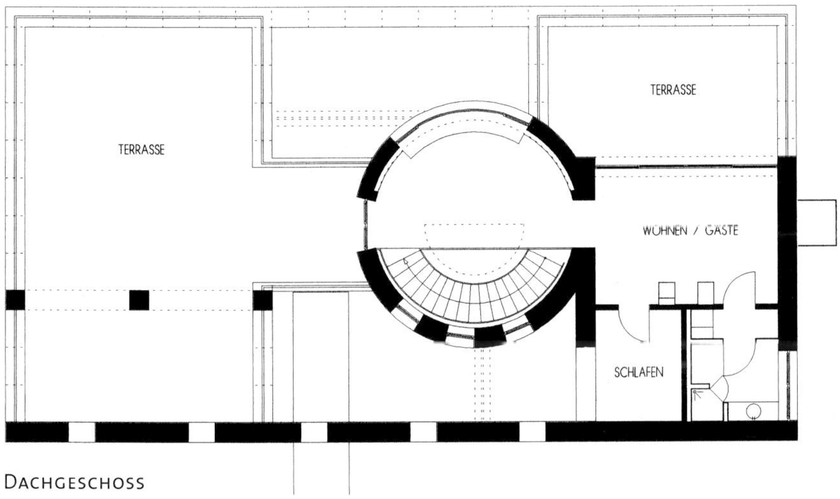

Dachgeschoss

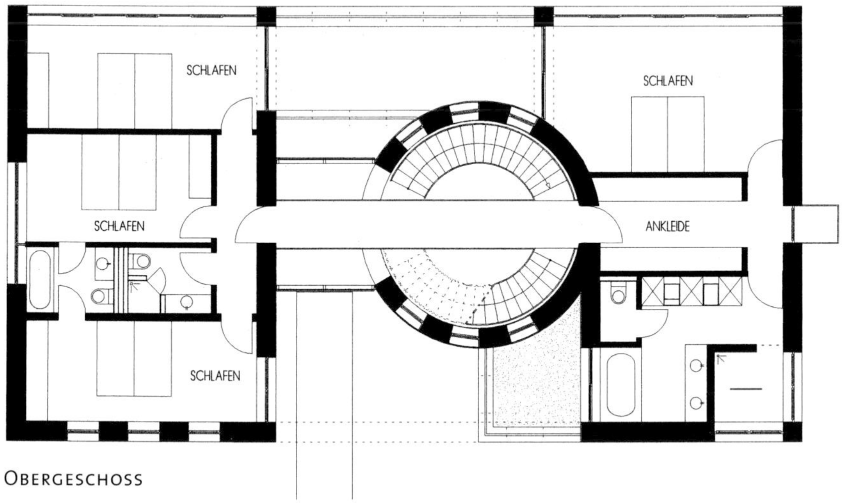

Obergeschoss

1:200

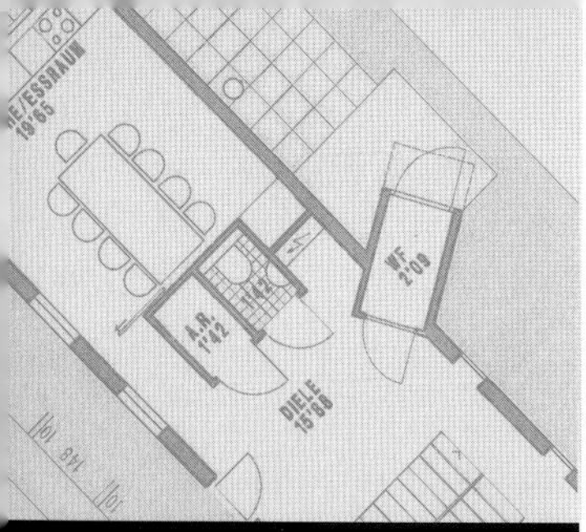

Die Kunst der Formgebung

Architekt: Ernst Pitschmann, Pettenbach

Entwurfsprämissen

Das jahrzehntelang als Gemüsegarten genutzte Grundstück liegt in der Ortsmitte einer Marktgemeinde in Oberösterreich. Die geringe Breite der Parzelle, 10,50 Meter bei einer Länge von 55 Metern, hemmte beim Eigentümer den Gedanken, den Garten jemals als Baugrund verwenden zu können, obwohl das Areal, bedingt durch seine günstige Lage, seit jeher als Bauland ausgewiesen war. Erst die Aussage des Architekten, die ungewöhnliche Konfiguration sei eine besondere Herausforderung für die Gestaltung eines Wohnhauses, bewog den Eigentümer, den Grund tatsächlich für ein Einfamilienhaus zu nutzen.

Das Haus sollte für eine Familie mit zwei Kindern geplant werden und nicht mehr als 150 m^2 Wohnfläche haben. Während der Wunsch nach einem großzügigen, offenen Wohnbereich bestand, sollten die Schlafräume als Rückzugsbereiche dienen. Da das Grundstück kaum Platz für Nebengebäude bot, war eine Unterkellerung des Hauses vorzusehen. Die Mobilität der Familie basiert primär auf Fahrrädern, so daß deren Unterbringung mehr Bedeutung zuzumessen war als einer Garage. In baurechtlicher Hinsicht gab es keine Einschränkungen durch einen Bebauungsplan, wohl deshalb, weil auch die zuständige Planungsbehörde das Grundstück für unbebaubar hielt.

Realisierung

Es waren dann eher finanzielle als funktionale Überlegungen, die die Bauherren eine zweigeschossige Lösungen wählen ließen. Der Entwurf zeigt in beiden Ebenen eine Orientierung der Räume nach Südwesten. Diese Ausrichtung beachtet nicht nur das unmittelbare Ambiente des angrenzenden großen Obstgartens, sondern auch eine langzeitige kleinklimatische Situation: Die häufigen Herbst- und Winternebel heben sich hier meist zur Mittagszeit, so daß erst die nachmittägliche Sonneneinstrahlung von Südwesten für die Energiebilanz von Bedeutung ist. Daher also der klare Südwestbezug aller Räume. Fensterraster und Konstruktionsmodul erlauben im Obergeschoß eine räumliche Addition. Die Wohngalerie in der Hausmitte, die derzeit mit dem Erdgeschoß über einen Luftraum in Verbindung steht, kann bei Bedarf in ein weiteres Zimmer umgewandelt werden.

Die gesamte Ostseite der Liegenschaft wird durch eine dichte, hohe Bepflanzung am Nachbargrund abgeschirmt. An dieser Gebäudeseite wurden nur die notwendigsten Öffnungen angeordnet. Hier liegt auch der aus dem Gebäude herausgeschwenkte Windfang, welcher den Seitenabstand nutzt. Die gesamte Südostseite ist verglast, wobei vorgelagerte Loggien den sommerlichen Sonnenschutz bieten. Die Küche im Erdgeschoß wurde nach Nordwesten orientiert und ermöglicht somit die Überwachung des Zuganges und die Beobachtung des Erschließungsweges.

Die zentrale Treppe gliedert den länglichen Innenraum. Da die Geländer durch raumhohe Glasscheiben ersetzt wurden, wirken Treppenläufe und Podest wie eine Skulptur. Bad und Schrankraum im Obergeschoß werden zusätzlich durch ein Oberlicht erhellt, das an der Rückseite der Sonnenkollektoren über das Gründach hinausragt.

Der gedeckte Sitzplatz und der Fahrradunterstand sind am nordseitigen Zugang dem Wohnhaus vorgelagert und bilden mit dem Hausbaum einen Eingangshof. Die Anordnung der Baumassen auf dem Grundstück läßt im Südteil relativ große Freiflächen übrig. Diese werden durch eine bestehende Gartenhütte in einen Wohn- und einen Nutzgarten geteilt.

Konstruktion

Keller aus Ortbeton. Wände in Holzriegelbauweise mit vorgefertigten Decken und geschoßhohen Fassadenelementen. Montage der gesamten Gebäudehülle an einem Tag.

Südwestfassade in Holz mit horizontaler Eichenlattung, die anderen Außenwände mit kostengünstiger Wellblechverkleidung. Das Dach wurde als extensives Gründach ausgeführt.

Keine tragenden Bauteile im Inneren, alle Wände sind versetzbar in Trockenbauweise ausgeführt, der Fußboden ist durchgängig in Industrieparkett verlegt.

Energieversorgung für Küche und Heizung mit Gas.

Bei einer derartigen Modellqualität weiß der Bauherr wirklich, wie sein Haus später einmal aussehen wird. Und ein erlebbares Kunstwerk ist es obendrein.

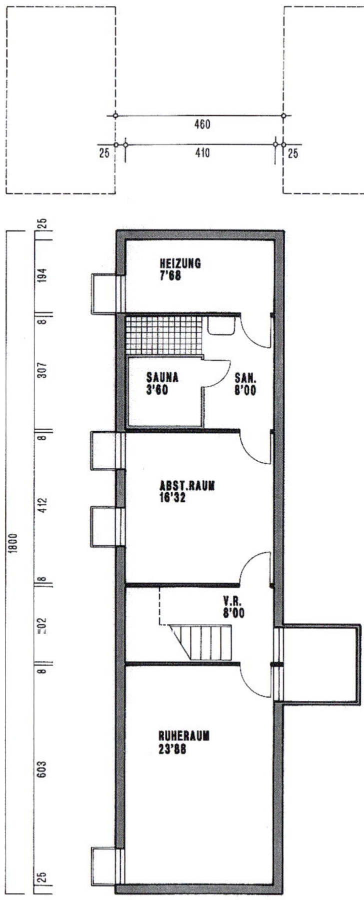

Kellergeschoss

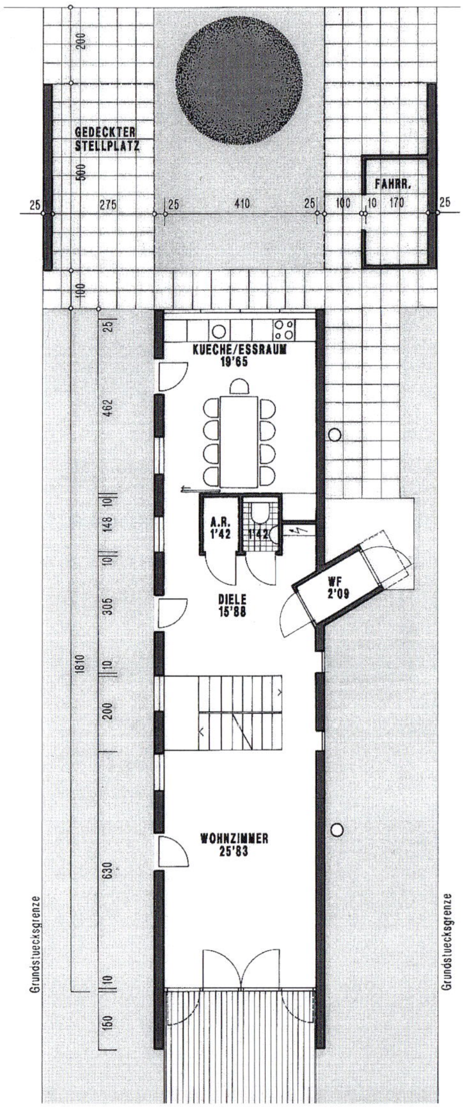

Erdgeschoss

Die Blechverkleidung der Ostfassade, rechts die präzise detaillierte Westseite, die sich je nach Gebrauch der Sonnensegel verändert.

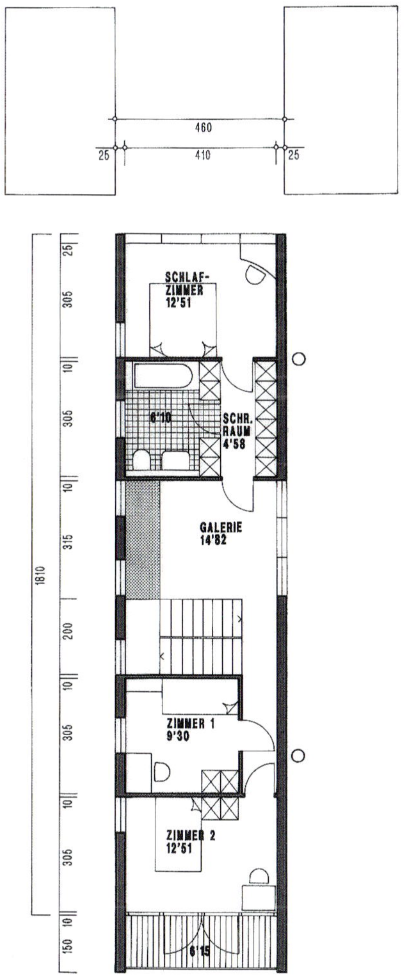

Obergeschoss

1:200

Baudaten

Grundstücksgröße:	545 m²
Anzahl der Bewohner:	4
Überbaute Fläche:	120 m²
Wohnfläche:	130 m²
Zusätzliche Nutzfläche	
im Keller:	67 m²
Baukosten je m²	
Wohnfläche:	DM 2080,--
Baukosten je m²	
Nutzfläche Keller:	DM 741,--
Eigenleistung:	Keine
Bauzeit:	Sechs Monate

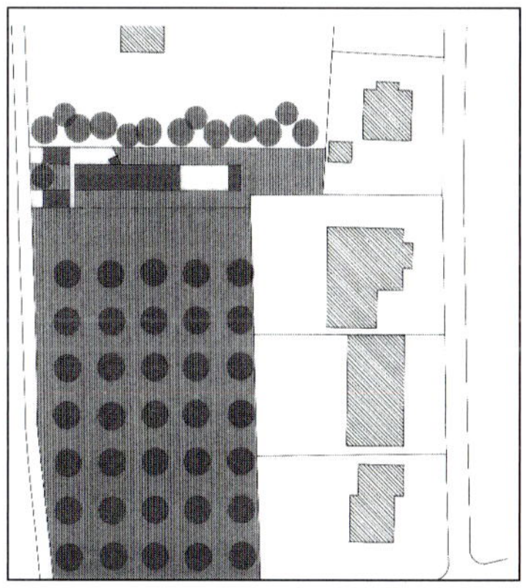

Lageplan 1:2000

AUSZEICHNUNG

Wohnhaus in Hintersdorf / Niederösterreich

Neues Architekturkonzept für eine archetypische Hausform

Architekten: Christa Prantl + Alexander Runser, Wien

GRUNDSTÜCK
Das relativ große Grundstück bot Chancen und Unbilden zugleich und war schon deshalb eine besondere Herausforderung: 100 Meter lang, nur 20 Meter breit und mit ungünstiger Ausrichtung nach Norden. Es bot aber im Gegenzug den besonderen Reiz einer faszinierenden Aussicht ins Donautal.

RAUMPROGRAMM UND ORGANISATION:
Raumqualitäten, Raumfolgen und Inhalte, die sich die Bauherren gewünscht hatten, sahen einen großen Wohnraum mit offener Küche vor, einen zweiten separiert im Obergeschoß, ein Arbeitszimmer, einen Schlafraum und vier Kinderzimmer sowie einen gut nutzbaren Werkstattkeller. Aus diesen Anforderungen wurde der fast archetypische Grundriß mit zentraler Halle und beidseitig angeordneten Privaträumen entwickelt. Der hölzerne Umgang, auf dem man das Haus umschreiten kann, erweitert terrassenartig die Räume zur umgebenden Wiesenlandschaft.
Zur Nutzung der passiven Solarenergie wurde das „Glashausprinzip" eingesetzt, als Speichermasse dienen neben den Betondecken auch die aussteifenden Betonkerne. Im Sommer schützen die Dachüberstände und hohen Brüstungen das Haus vor Überhitzung. Installationen und elektrische Geräte wurden in den Sanitärkernen konzentriert, die Schlafräume erhielten Netzfreischaltungen. Bei Konstruktion und Materialwahl wurde umweltbewußt an eine einfache Entsorgung und Wiederverwendbarkeit gedacht.

GRUNDRISS
Erschließung des Gebäudes mittig von Südosten; dadurch ökonomische Wegführung. Der offene Grundriß macht Flurflächen zu Nutzfächen.Die zentrale Diele erfüllt mehrere Funktionen: Eingang, Verteiler und Eßplatz. Die einläufige Treppe schafft die optische Zäsur zwischen Wohn- und Schlafbereich. Die Küche fungiert wie ein Möbelstück als Raumteiler zum Wohnraum. Das Obergeschopß ist identisch organisiert. Im Unterschied zum Belichtungskonzept des Erdgeschosses wurden hier die Brüstungshöhen auf 1,30 Meter gesetzt: der Effekt ist eine geschützte, nestartige Plattform mit inszeniertem Ausblick.

Überzeugend: Ein neues architektonisches Gepräge für den Archetyp Satteldachhaus.

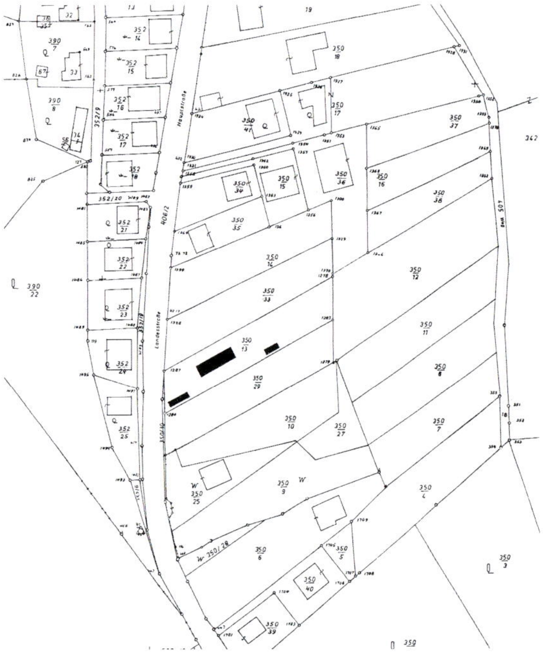

LAGEPLAN 1:1000

Der Blick vom Eßraum auf Zufahrt und Eingang.

Rechts: Die Eingangshalle mit einfachen, aber überzeugenden Details, wie dem zweiten Handlauf für Kinder.

Die offene Küche als funktionale Raumplastik, formale Strenge als Fond für das Leben.

Rechte Seite: Der Blick in das zeltartig angelegte Obergeschoß mit den seitlich hochgezogenen Brüstungen, die vor unerwünschten Blicken schützen.

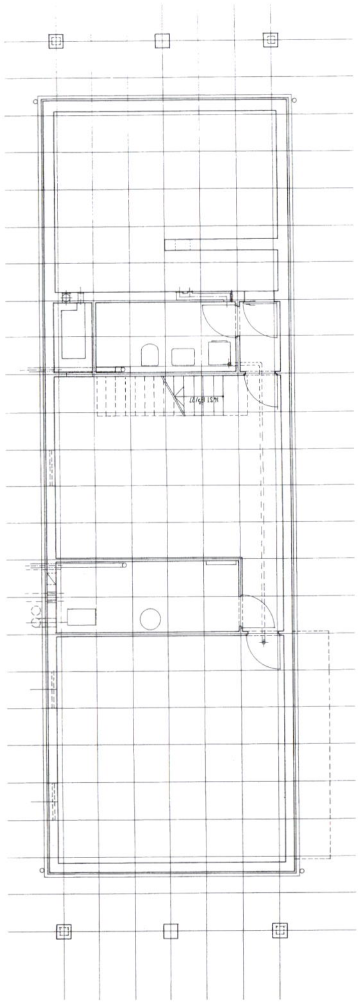

Kellergeschoss

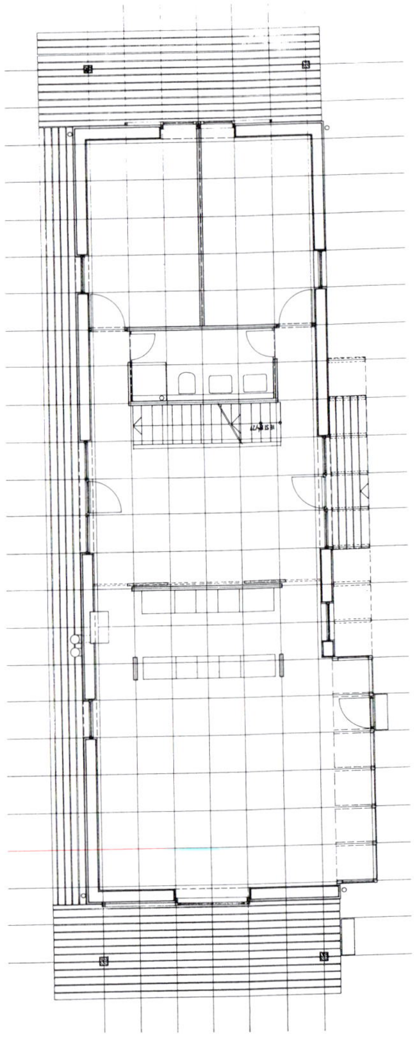

Erdgeschoss

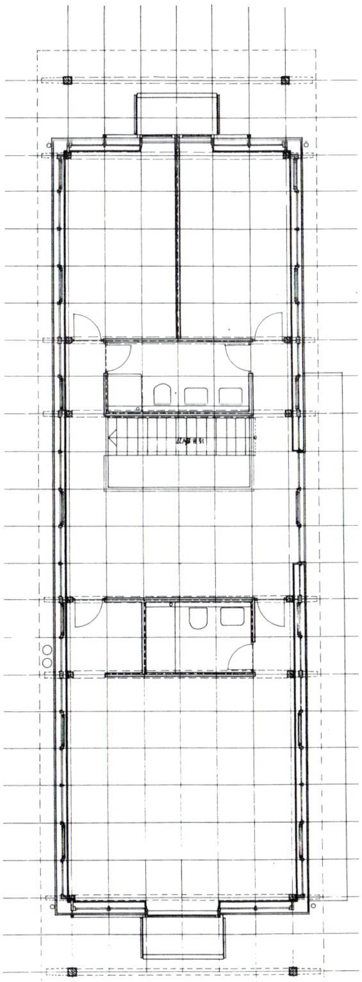

Obergeschoss

1:200

Baudaten

Grundstücksgröße:	2046 m²
Anzahl der Bewohner:	6
Überbaute Fläche:	142 m²
Wohnfläche:	240 m²
Zusätzliche Nutzfläche	
im Keller:	108 m²
Baukosten je m²	
Wohnfläche:	DM 2300,--
Bauzeit:	Elf Monate
Baujahr:	1994

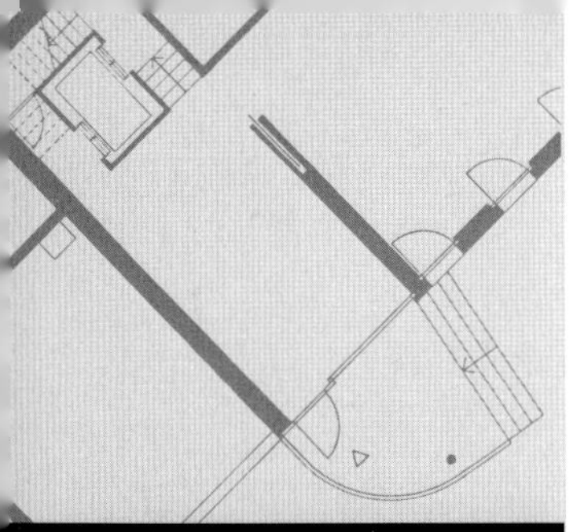

Wohn- und Arbeitshaus in Zürich

Architektur und Kunst im Dialog

Architekten: SAM und Partner AG, Zürich

Entwurfskonzept

Die Bauherrin, Galeristin und Kunstsammlerin, liebt schöne Räume. Die Raumsequenzen und die Führung des Tageslichtes waren ihr sehr wichtig, ist doch das Haus auch das Gefäß für ihre Sammlung zeitgenössischer Kunst. Die räumliche Verbindung von drei Geschoßebenen und die Raumhöhen im Lichten von 2,96 und 3,66 Metern finden ihren Ausdruck im doppelten Volumen, in das die drei Räume vorstoßen. Diese Raumkomposition ist die tragende Bauidee des Hauses.

Realisierung

Die minimal gehaltene Erschließungstreppe, welche die Vorräume mit den Hauptträumen verknüpft, wirkt wie eine Kompression, um dann die Vor- und Haupträume größer erscheinen zu lassen, als sie wirklich sind. Die bestehenden Stützmauern auf dem Gelände führten dazu, daß die Nordost-Fassade parallel zu diesen und nicht parallel zur Südwest-Fassade verläuft. Der freistehende Gästeraum mit seiner Pyramide auf der Dachterrasse und das Volumen des Liftaufbaus zeigen diese Verschiebung volumetrisch. Das Haus lebt von räumlichen Feinheiten und der sorgfältigen Materialisierung, die der aktiven Mitarbeit der Bauherrin zu verdanken sind.

Es sind insgesamt drei Häuser, die aufeinander Bezug nehmen – alle von demselben Architekturbüro entworfen. Eine Ausnahmesituation.

Rechts: Eine solche Lage verdient eine kundige Architektenhand. Dieses Haus setzt den notwendigen formalen Maßstab – auch für das kleinere Budget.

Ganz rechts: Die Eingangssituation nimmt sich formal eher zurück.

Links: Die Sparsamkeit der eingesetzten Mittel steht in angenehmem Kontrast zum überwältigenden Volumen des Hauses.

Kunst und Raum bedingen einander, die Dimensionen sind groß, aber unaufdringlich.

Links unten: Entwurfsskizze, die als Vision spüren läßt, daß der Architekt das Haus in dieser Phase bereits in Gänze innerlich erfaßt hatte.

Unten: Begegnungen mit der Sammlung.

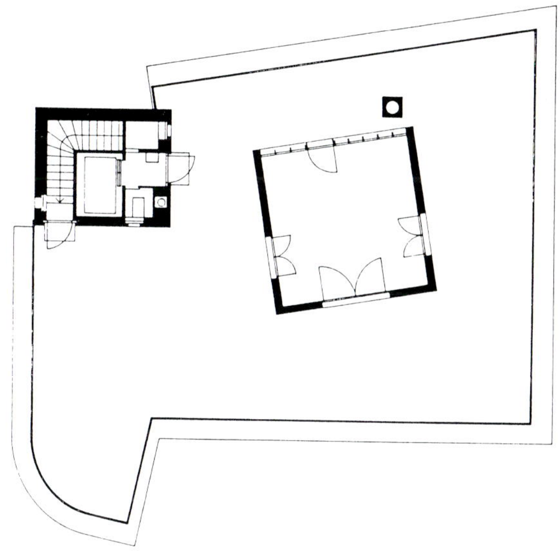

Der Aussichtserker über dem Eingang, ein Ort der Kontemplation, abgeschieden von den herausfordernden Eindrücken der Kunst.

Unten: Der Eingangsbereich mahnt – beinahe sakral – zur Ruhe, stimmt ein auf die Ernsthaftigkeit, die in diesem Haus gepflegt wird.

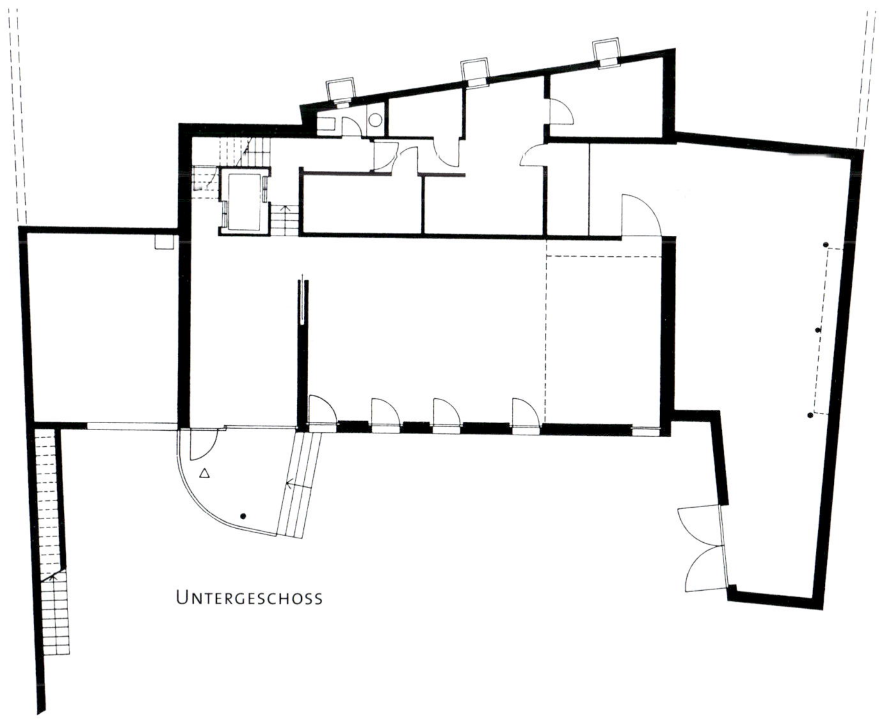

Baudaten

Grundstücksgröße:	1100 m²
Anzahl der Bewohner:	2
Wohnfläche:	474 m²
Zusätzliche Nutzfläche:	173 m²
Baukosten je m²	
Wohnfläche:	DM 6300,--
Baukosten je m²	
Nutzfläche:	DM 3250,--
Eigenleistung:	Keine
Baujahr:	1994-1995

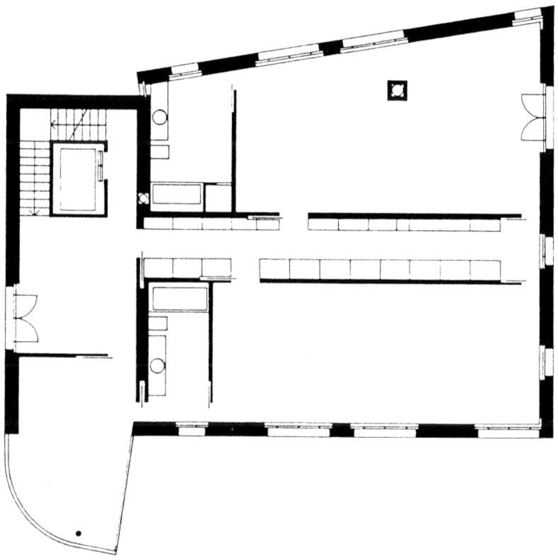

OBERGESCHOSS

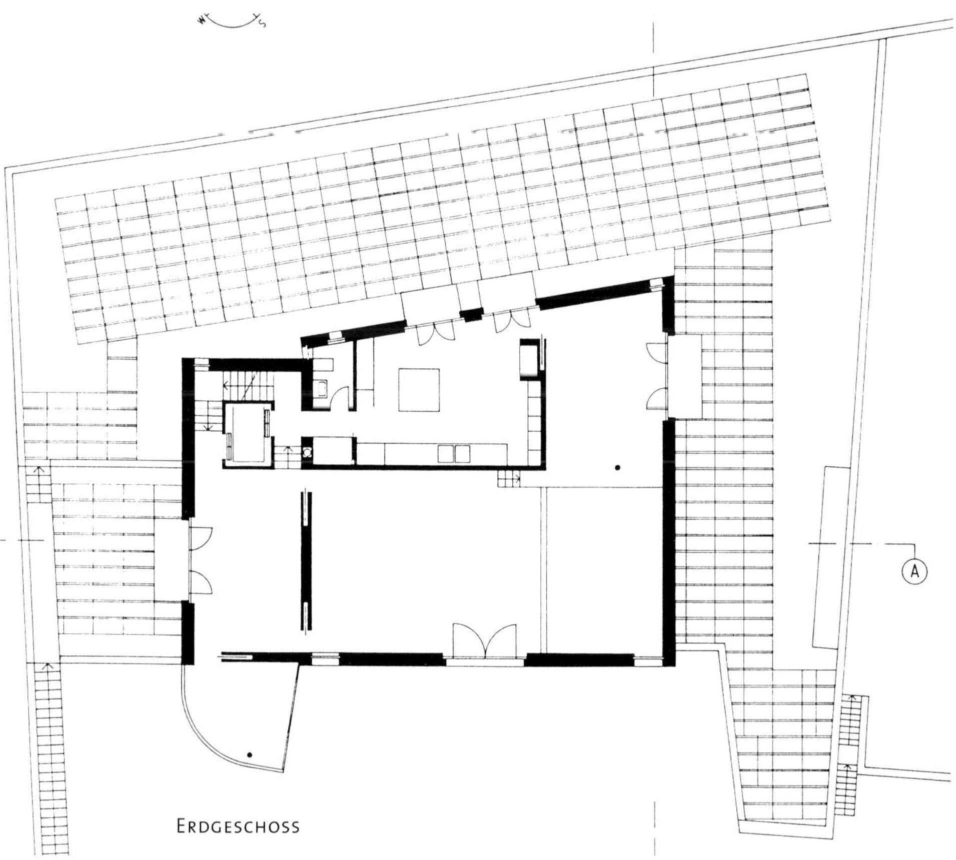

ERDGESCHOSS

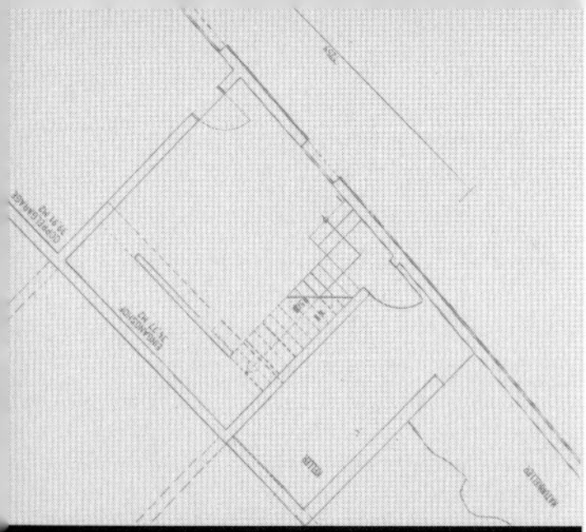

AUSZEICHNUNG

Wohnhaus in Lochau/Bregenz

Selbstverständliche Eleganz an herausgehobenem Ort

Architekt: Daniel Sauter, Bregenz

Lage

Das Grundstück liegt am Waldrand hoch über der Stadt Bregenz mit Blick ins Rheintal und über den gesamten Bodensee bis nach Konstanz. Der steile Hang bietet zusätzlich den Vorteil einer unverbaubaren Aussicht.

Das Gebäude

Der großzügige und doch klare Terrassenbaukörper erfüllt über fünf Ebenen seine Funktionen: Die Eingangsebene liegt auf dem Straßeniveau, die Ebene 1 ist den Kindern und dem Gast vorbehalten, auf der Ebene 2 befinden sich Eßraum, Küche, Wintergarten und der Elternbereich, die Ebene 3 dient dem Abschalten, sich Zurückziehen und dem Genießen der Aussicht. Auf dem Dach des Mittelturmes gibt es eine schöne, großzügige Sonnenterrasse. Allen Ebenen vorgelagert ist eine begehbare Grünzone.

Grundrisskonzept

Der Zugang zum Haus erfolgt über einen Innenhof, das Wohnen selbst ist auf drei Ebenen organisiert. Jeder Raum hat den direkten Bezug zur Natur und verfügt über eine qualitätvolle Aussicht. Eßraum, Wohnraum und Sonnenterrasse sind bewußt groß dimensioniert, alle anderen Räume ordnen sich ihren Funktionen gemäß ein. Vom Wintergarten gibt es einen Zugang zum Garten.

Formale Entwurfsaspekte

Klarer, einfacher Terrassenbaukörper, längs gestellt mit optimaler Aussicht ins Tal und auf den Bodensee.

Konstruktion

Massivbau, der sich dem Hang anschmiegt. Das Dachgeschoß ist ein Holzbau, der farblich behandelt wurde. Auch der Wintergarten ist aus Holz, alle Leimbinder sind aus Douglasholz, ihre Oberflächen sind naturbelassen.

Der Hangsituation folgend, staffelt sich der Bau über fünf Ebenen – bis zur krönenden Aussichtsplattform mit weitem Blick über den Bodensee.

Der horstartig angelegte Wohnraum auf der Ebene 3 gleicht der Kommandobrücke eines Schiffes.

Links: Das Treppenhaus im rückwärtigen Hausbereich.

Daneben: Der große Eßraum mit den „aufgelösten" Ecken zur besseren Weitsicht auf den See.

Das Treppenhaus mit dem gläsernen Aufsatz lenkt den Blick auf den rückwärtigen Hang – dort sorgt die Tierwelt des Waldes für Faszination.

Westansicht o.M.

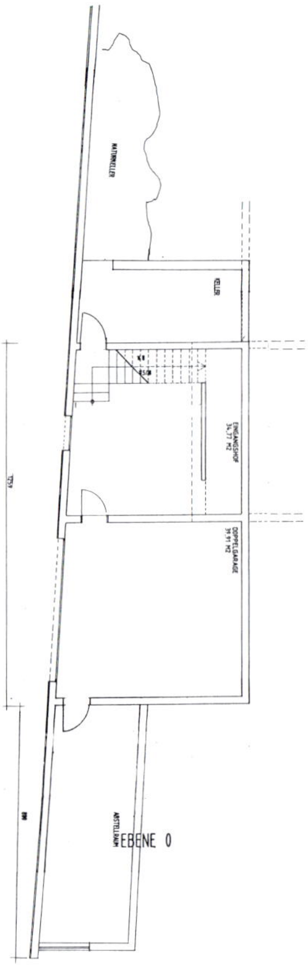

Ebene 0

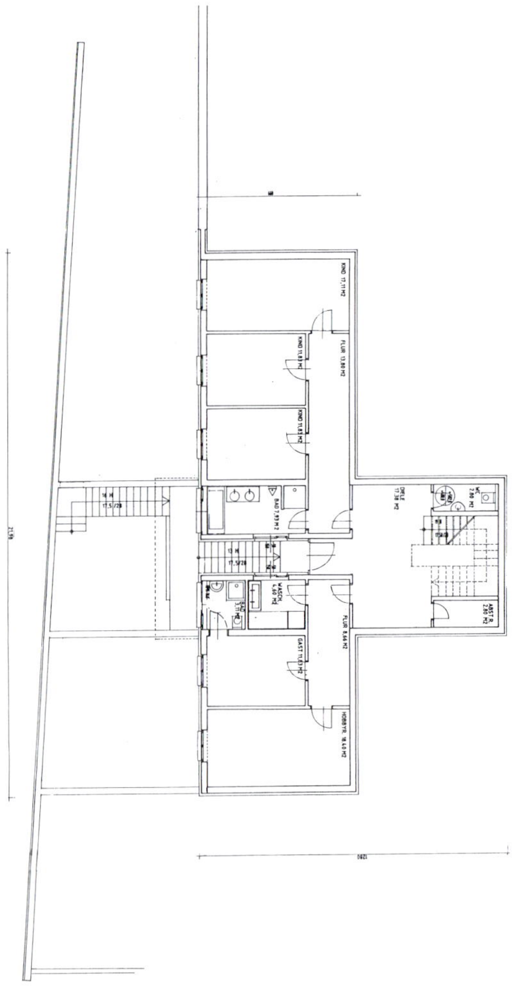

Ebene 1

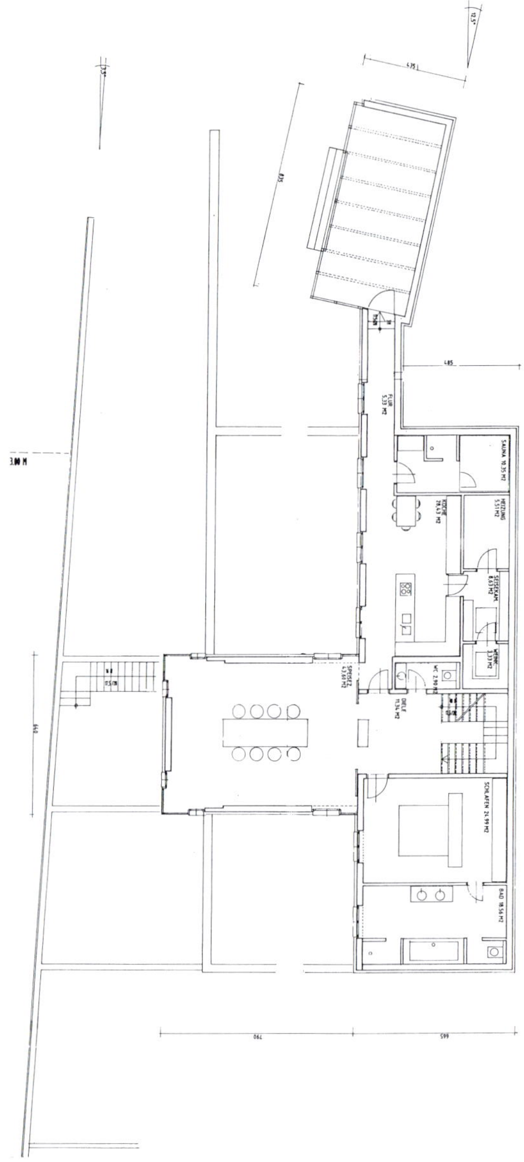

Ebene 2

Baudaten

Grundstücksgröße:	1660 m^2
Anzahl der Bewohner:	5
Wohn- und Nutzfläche:	350 m^2
Umbauter Raum:	1225 m^3
Baukosten je m^2	
Wohn- und Nutzfläche:	Keine Angabe

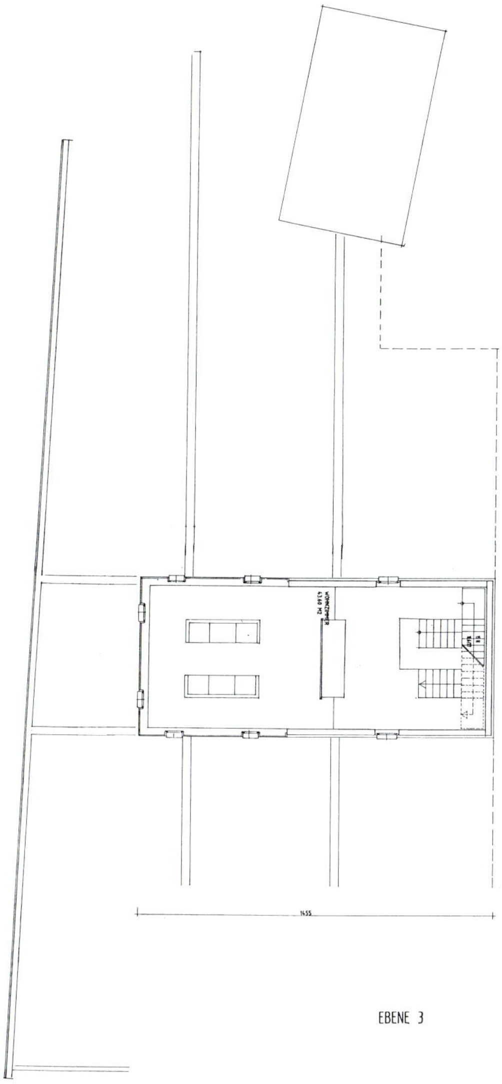

EBENE 3

Links: Die oberen Aussichtsebenen. Für die notwendigen technischen Einrichtungen ist es immer schwer, eine ästhetisch verträgliche Form zu finden. Der Wintergarten dient als kontrastreicher Solitär. Zugänglich ist er von Ebene 2.

Rechts: Die Eingangssituation macht neugierig auf das, was sich in der aufragenden Gebäudeformation verbirgt – ein ungewöhnliches Haus.

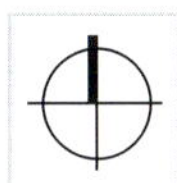

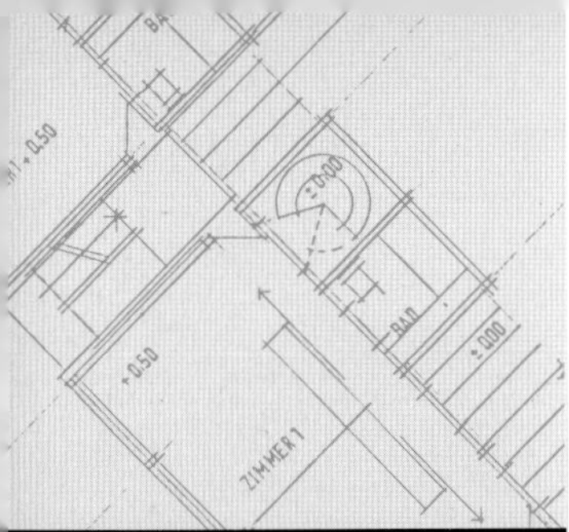

Gute Architektur ist stets auch eine intellektuelle Leistung

Architekten: Schaudt Architekten BDA, Konstanz

Die Ausgangssituation

Zu Beginn der neunziger Jahre hatte der Bauherr die Möglichkeit, ein Baugrundstück in der Gemeinde Allensbach zu erwerben. Da die Grundstückspreise im Bodenseeraum sehr hoch sind, war die Bedingung für die Realisierung eines Wohnhauses, daß das Bauwerk äußerst kostengünstig erstellt werden müßte.

Entwurfsprämissen

Um das Budget einhalten zu können, wurde eine einfache Grundform des Baukörpers erdacht, eine ebensolche Grundrißgliederung, eine klare Installationsführung geplant, der Einsatz von fertigen Industrieprodukten vorgesehen und auf komplizierte Auf- und Einbauten verzichtet, ebenso auf Erker, Gauben und Loggien.

Der Entwurf

Das Wohnhaus wurde am östlichen Ortsrand von Allensbach am Rand eines Neubaugebietes mit Blickbezug auf den Bodensee, die Insel Reichenau und die Schweizer Alpen errichtet. Geschossigkeit und Firstrichtung entsprechen dem Bebauungsplan. Das Gebäude ist eine minimierte Holzskelettkonstruktion mit einem tragenden Raster von 2,40 x 5 Metern. Wände, Böden und Dach erhielten eine Wärmedämmung nach Niedrigenergiestandard. Großflächige Verglasungen nach Westen und Süden unterstützen die Energiebilanz und öffnen den Blick in die freie Landschaft, auf See und Alpen.

Der Entwurf gliedert sich in zwei Bereiche: einen Holztrakt mit Wohn- und Schlafebenen sowie zwei Funktionstrakte aus Betonkuben, die die Bäder, Küchen und die interne Erschließung übernehmen. Die beiden Wohneinheiten werden über eine außenliegende Mitteltreppe erschlossen, die Wohnungen selbst sind mit ihren drei Ebenen über je eine interne Treppe miteinander verbunden. Die Funktionsräume Küche und Bad sind zentral in den neben dem Holzhaus stehenden Betonkuben übereinander angeordnet und durch eine einfache Sichtinstallation multifunktional nutzbar. Die Wohn- und Schlafräume befinden sich im Holzhaustrakt und werden durch flexible Schrankelemente ausgezont. Dabei wurde das gesamte Raumgefüge so ausgelegt, daß der Grundriß veränderten Anforderungen durch An- und Abkoppeln von Wohnebenen ganz unterschiedlichen zukünftigen Nutzungsbedingungen angepaßt werden kann (Familie, Single, Altenwohnungen, Büro, etc.).

Ökologie und Ökonomie

Das minimierte Holzskelett steht für eine sinnvolle Materialoptimierung, die Installationsführung mit einem sichtbaren Installationsstrang für Sanitär, Heizung und Elektro im Bereich der Betonkuben ist kostengünstig, jederzeit zugänglich und kontrollierbar, äußerst flexibel, zukunftsoffen und für neue Technologien nachrüstbar. Es wurden nur einfache Baumaterialien sinnvoll und logisch eingesetzt, um eine klare, schnörkellose Bauform mit ebenso einfacher Konstruktion zu erzielen. Alle Räume werden natürlich belüftet und belichtet, auf versiegelte Flächen wurde weitestgehend verzichtet. Die Außenwände und -flächen wurden hochwärmegedämmt mit hinterlüfteten Bekleidungen ausgeführt, wobei das Holzhaus eine horizontale Red-Cedar-Schalung erhielt, die Betonkuben eine vorgehängte Faserzementbekleidung.

Die Ästhetik des Neuen Bauens! Minimalistisch, kostenbewußt, ökologisch sinnvoll. Vor allem aber Architektur auf höchstem, Maßstäbe setzendem Niveau.

Die schmale Brücke zur Neuen Architektur! So können nur Wenige entwerfen.

So raffiniert sich die Schmalseite des Hauses darbietet, sie will nicht über die Nachbarschaft triumphieren, auch wenn sie diese um Längen überragt.

Das Faszinierende an diesem Entwurf ist die Leichtigkeit in der Ausführung – ein Gebäude, das auch von dem Respekt gegenüber der Natur lebt – beispielhaft!

Oben: Die Reduktion auf ein Minimum baulicher Strukturen versöhnt mit der Landschaft, dieses Haus fügt ihr keinen Schaden zu.

Rechts: Auch in so einem progressiven Haus läßt sich die Küche abtrennen.

Daneben: Die Eingangssituation auf der Obergeschoßebene.

Links: Wenn an den Wänden kein Platz ist, kommt der Heizkörper an die Decke!

Daneben: Einfach, überzeugend, ein Baddesign, das durch seine Überlegenheit besticht.

Rechte Seite: die Ansichtszeichnungen – oder: Architektur entsteht im Kopf!

Unten: Die Sonnenschutzelemente lassen sich wie Scheunentore vor die Fenster fahren.

Darunter: Reduzierter läßt sich nicht bauen – und die Faszination liegt im Detail.

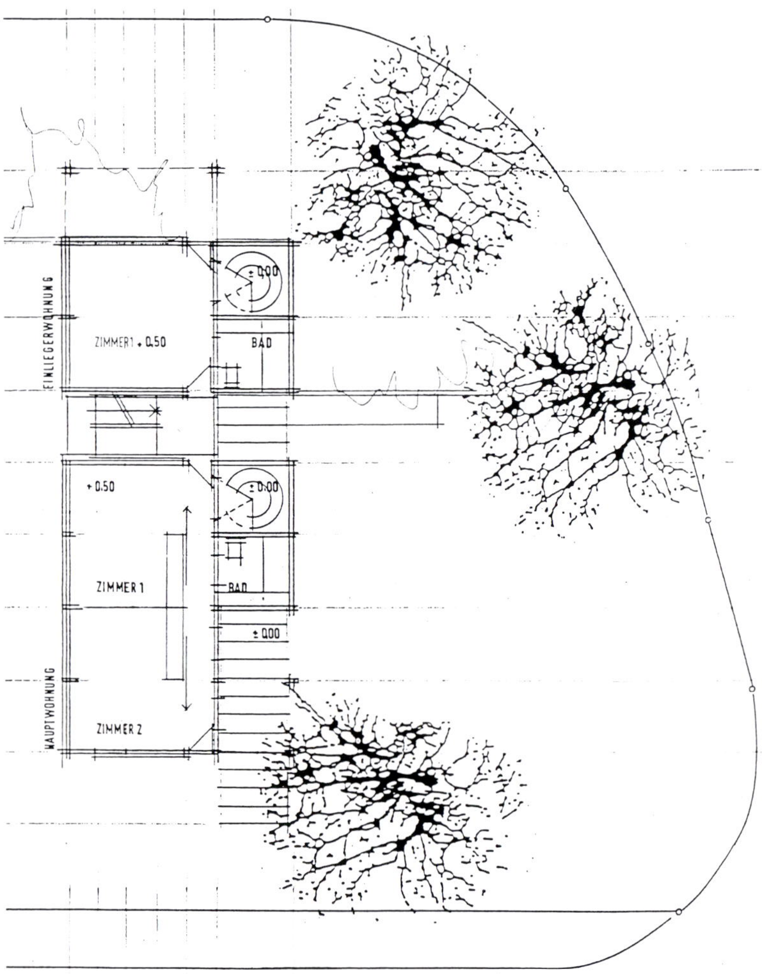

Erdgeschoss

Baudaten

Grundstücksgröße:	693 m^2
Anzahl der Bewohner:	4/2 als Option, anderes Nutzungskonzept möglich
Überbaute Fläche:	145 m^2
Wohnfl. Haupthaus:	164 m^2
Wohnfläche Einlieger:	119,5 m^2
Zusätzliche Nutzfläche im Keller:	85 m^2
Baukosten je m^2 Wohn- und Nutzfläche:	DM 2064,--
Baukosten je m^3:	DM 415,--
Baujahr:	1998

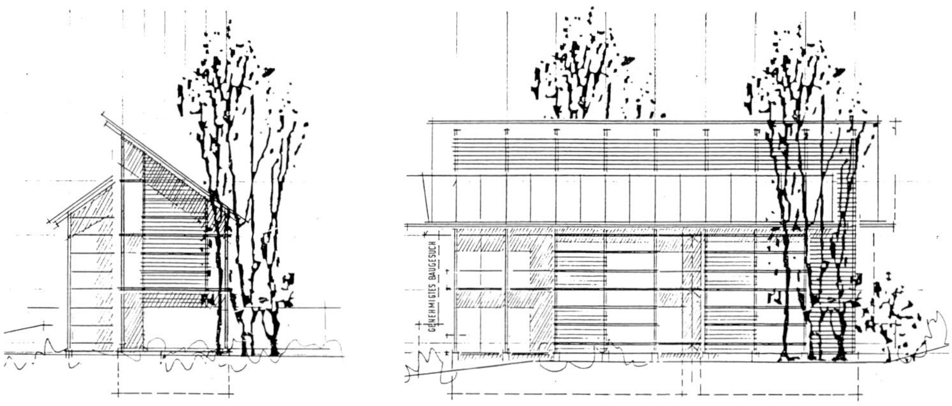

Die Ansichten (o.M.) – Architektur entsteht im Kopf

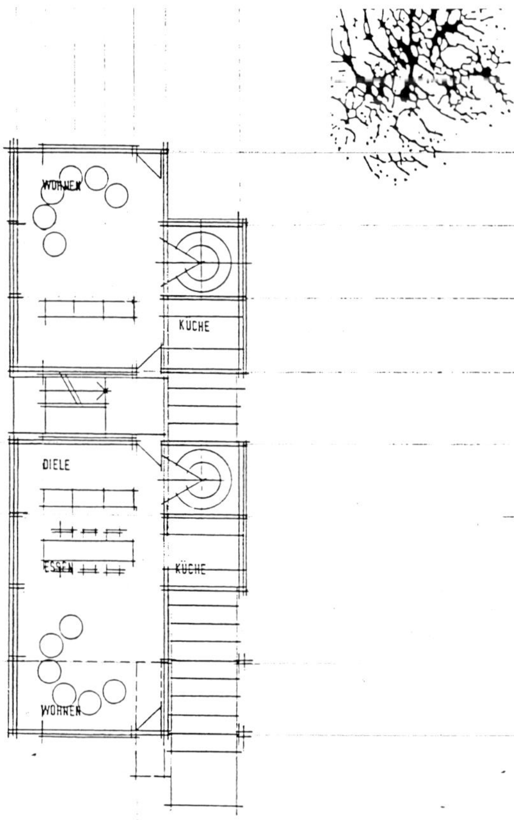

Obergeschoss

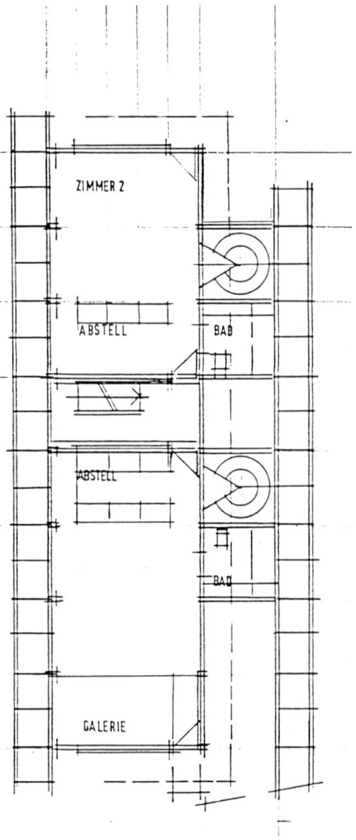

Dachgeschoss

1:200

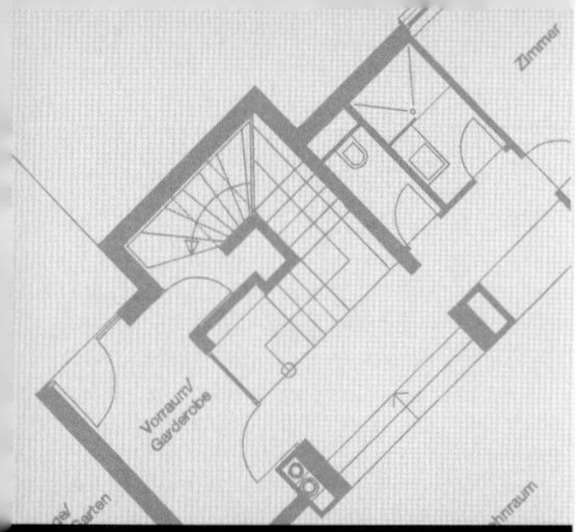

Signifikanz ohne falsches Pathos

Architekten: Schluder / Kastner, Wien

Entwurfskonzept

Die Architekten haben für einen relativ kleinen Bauplatz in Wien ein Einfamilienhaus geplant, das eher durch Zurückhaltung denn durch repräsentative Botschaften nach außen auffällt – obwohl es durch das zentrale Turmmotiv durchaus über Signifikanz verfügt. Dieser Turm betont die Mittelachse des weitgehend symmetrischen Baukörpers und bildet mit dem Erdgeschoß den massiven Kern des Hauses. Nach oben verjüngt sich das Gebäude mit einem Holzbauteil, der sich durch seinen satten Rotton vom hell verputzten Massivteil abhebt. Um die Intimität zu wahren, gibt sich die Straßenfassade verschlossen.
Auch der nach Süden ausgerichtete Garten ist durch das Ausnutzen der Grundstücksbreite und den im Westen anschließenden Carport völlig von der Straße abgeschirmt. Eine Geste der Offenheit hingegen ist der Verzicht auf eine Abgrenzung zum Straßenraum, der in den privaten Vorgarten übergeht.
Im Erdgeschoß öffnet sich das um einige Stufen abgesenkte Wohnzimmer mit angebauter Küche über eine verglaste Fassade zum Garten. Die etwas höher liegende Nebenraumzone im Norden wird durch einen beidseitig bedienbaren Schrank vom Wohnraum abgetrennt. An der Gartenfront ragt der rote Kubus des Obergeschosses heraus und beschattet dadurch die Erdgeschoßfassade. Eine hölzerne Spindeltreppe verknüpft den massiven Teil mit den filigranen Holzgeschossen.
Die Wände des Treppenturmes dienen als Bibliothek. Die Treppe wird somit um eine Funktion bereichert und nicht nur zum Begehen, sondern auch zum Schmökern genutzt. Im Flur des Obergeschosses birgt eine kubische Kommode viel Stauraum, wobei die gläserne Deckplatte Einblick in die obersten Schubfächer gewährt und Kleinigkeiten rasch auffindbar macht.
Die beiden südseitig orientierten Zimmer sind mit Schiebetüren und Schränken vom Gang abgetrennt. In Kombination mit der Zwischenwand in Leichtbauweise sind diese Räume bei Bedarf leicht zu verändern. Die Wand zum Garten hin ist auch hier mit Fenstertüren geöffnet, die im Raster des Holzbaues aneinandergefügt sind. Außenliegende, schiebbare Lamellenelemente filtern den Übergang zwischen innen und außen und bilden im geschlossenen Zustand eine Klimazone nach Süden.
Der Arbeitsraum im Nordwesten hat mit einem über Eck laufenden Fensterband sowohl Aussicht auf die begrünte Dachterrasse als auch auf den Straßenraum. Der pavillonartige Aufbau des Dachgeschosses ist als Reservefläche für zusätzlichen Wohnraum vorgesehen. Mit der an drei Seiten umlaufenden Terrasse wird er zur luftigen Aussichtskanzel, die durch die als Schürze hochgezogene Brüstung jedoch uneinsehbar ist. Ausblick nach Norden in die Nußdorfer Weinberge gewährt das Oberlichtband des Treppenhauses.

Die Straßenseite gibt sich verschlossen. In dem aufragenden Turm befindet sich die über alle Ebenen begehbare Bibliothek.

Die Gartenfassade mit Südausrichtung zeigt den erfahrenen Umgang mit der – auch zerstörerischen – Kraft der Sonne.

Die Sonnenschutzelemente auf der Dachterrasse geben die Aussicht auf die Weinberge frei, verhindern aber den Einblick.

Die umlaufende Dachterrasse bietet sich zu jeder Tageszeit der Sonne dar.

Der Eßbereich ist Teil des Wohnraumes im Erdgeschoß. Ein weiterer Wohn- und Rückzugsbereich befindet sich im Staffelgeschoß.

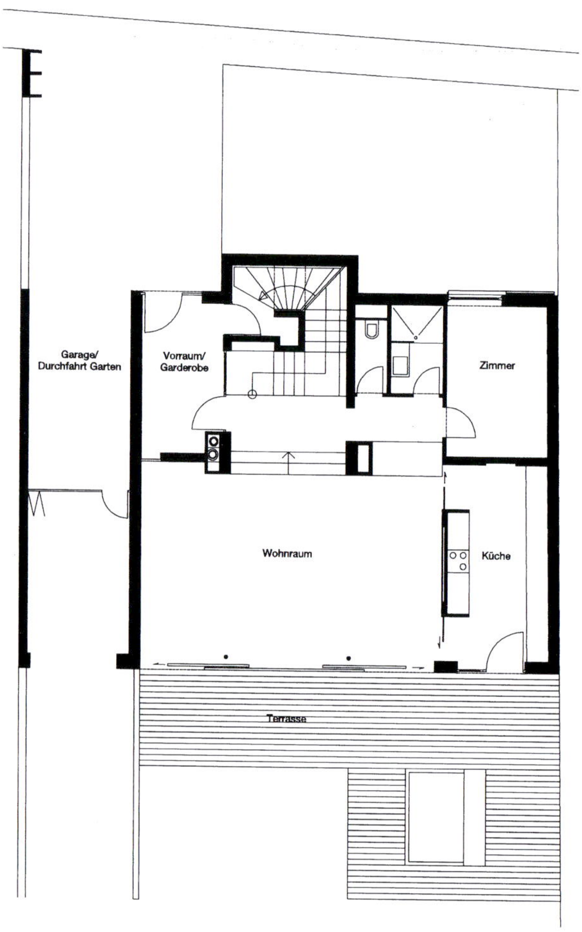

Erdgeschoss

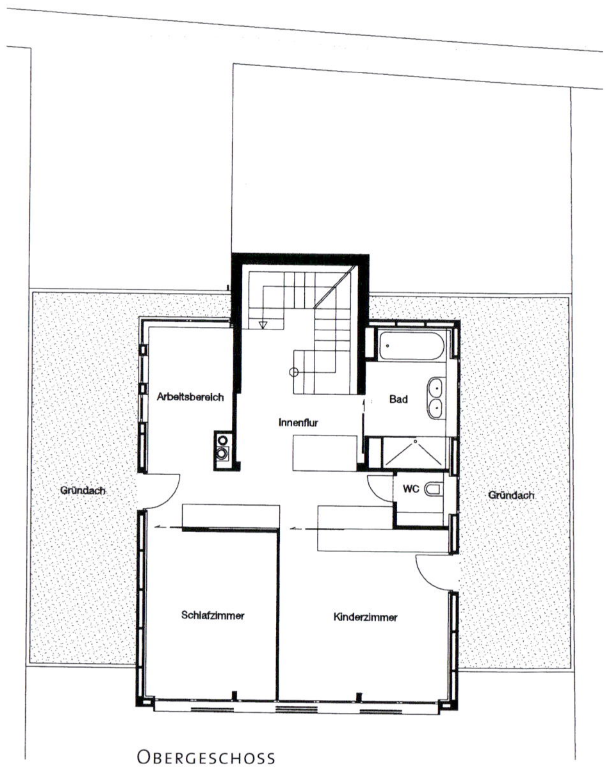

Obergeschoss

Wer ehrlich ist, der gibt zu, daß er nicht jedes Buch in der Bibliothek täglich braucht. Auch im Treppenhaus ist es schließlich jederzeit zugänglich, und der Raum mit viel Regalfläche erfährt eine weitere, sinnvolle Funktion.

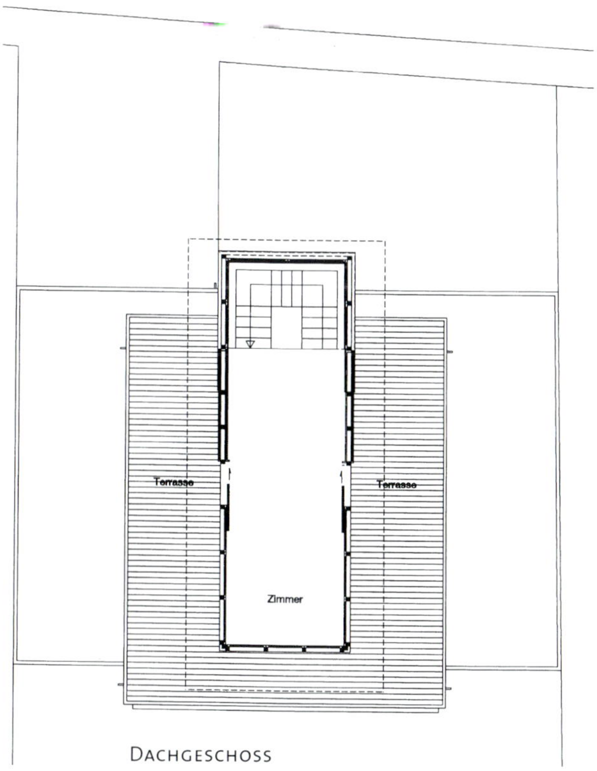

Dachgeschoss

1:200

Baudaten

Grundstücksgröße:	620 m^2
Anzahl der Bewohner:	3
Wohnfläche:	198 m^2
Zusätzliche Nutzfläche im Keller und in der Durchfahrt:	114 m^2
Baukosten je m^2 Wohnfläche:	DM 2180,--
Baukosten je m^2 Nutzfläche:	DM 2220,--
Eigenleistung:	Keine
Baujahr:	1998

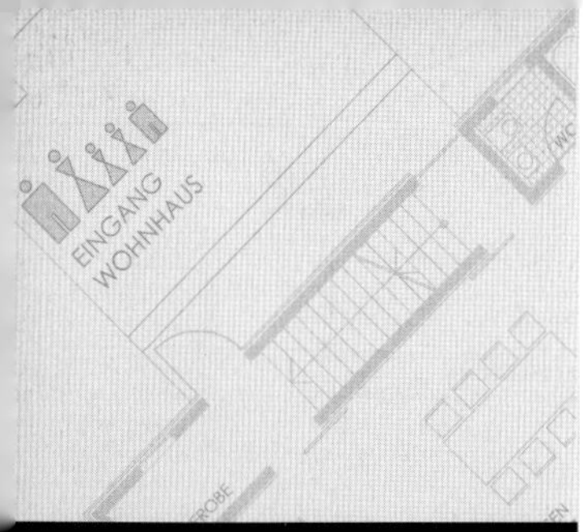

Wohnhaus in Schrobenhausen

Mut zur Reduktion

Architekt: Alfred Julius Schmid, München

Städtebauliches Konzept

Das zweigeschossige Gebäude wurde auf die nördliche Baugrenze gesetzt. Aufgrund der schmalen Grundrißfläche des Wohngebäudes entsteht eine großzügige Gartenfläche. Die Eingangszone und in der Verlängerung der Wohn- und Terrassenbereich mit anschließender Garage kreuzen das Gebäude und akzentuieren die Ecklage des Grundstücks. Die Gartenwand sorgt für einen wind- und sichtgeschützten Terrassenbereich und bindet die Garage gestalterisch mit ein. Außerhalb dieser Gartenwand ist der Nutzgarten geplant.

Bauliches Konzept

Der massive Baukörper mit einer Grundfläche von 22,5 x 5,5 Metern nimmt die Wohnbereiche auf, die zur Südseite und damit zum Garten orientiert sind. Die gemeinsamen Eß- und Wohnbereiche liegen übereinander und stellen den Mittelpunkt des Hauses dar, von dem die einzelnen Bereiche wie Küche, Kinderzimmer und Arbeitszimmer erschlossen werden. Dieser Mittelpunkt an der Südfassade ist durch das zweigeschossige Fenster zum Garten ablesbar. Auf der Rückseite des Gebäudes ist die „Multi-Funktionsbox" wie ein Möbel in das Haus eingeschoben, die sämtliche Nebenfunktionen wie Bäder, Treppen, Eingänge und Abstellräume aufnimmt und als Klimapuffer zur Nordseite dient. Die Funktionsbox ist 1,30 Meter auskragend, sie reduziert dadurch den unterkellerten Teil auf eine vernünftige Größe. Sie ist mit einer Lärchenholzschalung verkleidet. Das Gebäude wurde komplett in Ziegelbauweise erstellt und erfüllt die Vorgaben der Niedrigenergiehausanforderung.

Mögliche Wohnvarianten

Da die Kinder der Auftraggeber bei Baubeginn schon älter waren, war eine Veränderbarkeit des Hauses Planungsbedingung. So kann das Haus bei einem Auszug der Kinder verwandelt werden. Die 7-Zimmer-Wohnung läßt sich leicht in eine 4-Zimmer- und eine 2-Zimmer-Wohnung teilen. Mit dem Schließen einer Innentür und dem Einbau einer weiteren Eingangstür anstelle der Festverglasung im Erdgeschoß entstehen zwei getrennte Wohnungen. Zusätzlich kann die Einliegerwohnung um ein Zimmer im Erdgeschoß erweitert werden. Alle dafür notwendigen haustechnischen Einrichtungen wie Heiz- und Elektrokreise sind bereits vorgerichtet. Aufgrund dieses Konzeptes sind die Veränderungen mit sehr geringen baulichen Maßnahmen durchführbar und auch jederzeit wieder rückbaubar.

Vorangehende Seite: Mut zur Mischkonstruktion aus Holz, Putz und Stahl – für jedes Material die angemessene Funktion.

Oben: Die stark gedämmte Nordfassade mit der dahinter liegenden Spange der Nebenräume zeigt sich geschlossen mit fein detaillierter Holzlattung.

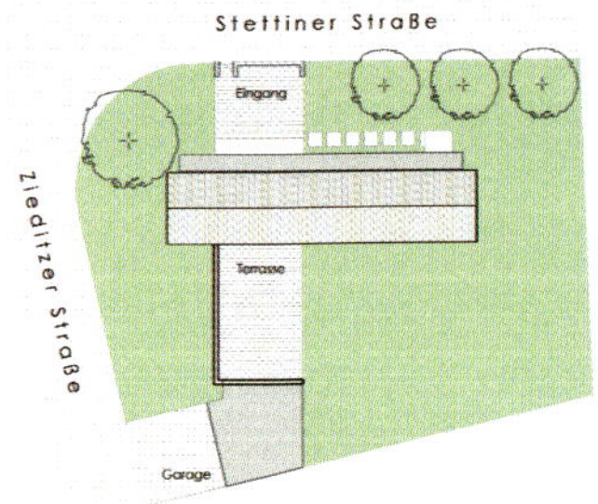

LAGEPLAN 1:1000

Die Gartenfassade: Einfach, klar, übersichtlich, kostenbewußt – und doch nicht ohne Spannung; Reduktion mit Augenmaß.

Vorne der Nebeneingang zur möglichen Einliegerwohnung und zum Kindertrakt.

Details, die Freude machen - Gartenbank, Ausguck, einladende Geste und der Sinn für Proportionen.

Links: Der große Wohnraum im Obergeschoß mit dem vorgehängten Balkon und frei sichtbarer Dachkonstruktion. Für die Handwerker eine Aufforderung zur Präzision.

Rechts: Der Treppenaufgang. Geputzte Flächen und helles Holz bestimmen den schnörkellosen Raumeindruck.

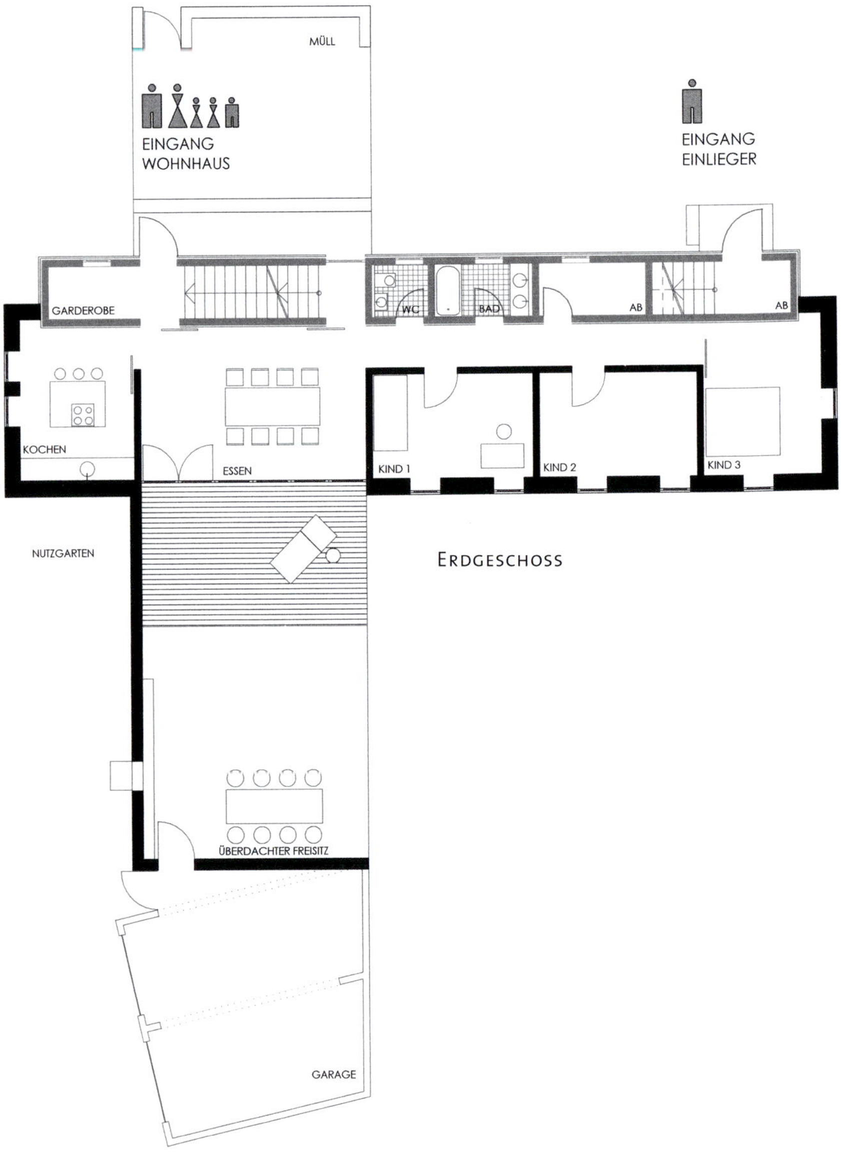

Erdgeschoss

Ein ungewohntes Fassadendetail, das an die offenen Tabakscheunen erinnert. Auch dort haben sich diese luftigen Konstruktionen dauerhaft bewährt.

Baudaten

Grundstücksgröße:	926 m^2
Anzahl der Bewohner:	5/1
Wohnfläche:	162 m^2
Wohnfläche Einlieger:	36 m^2
Zusätzliche Nutzfläche:	67 m^2
Baukosten je m^2	
Wohnfläche:	DM 2580,--
Bauzeit:	10 Monate

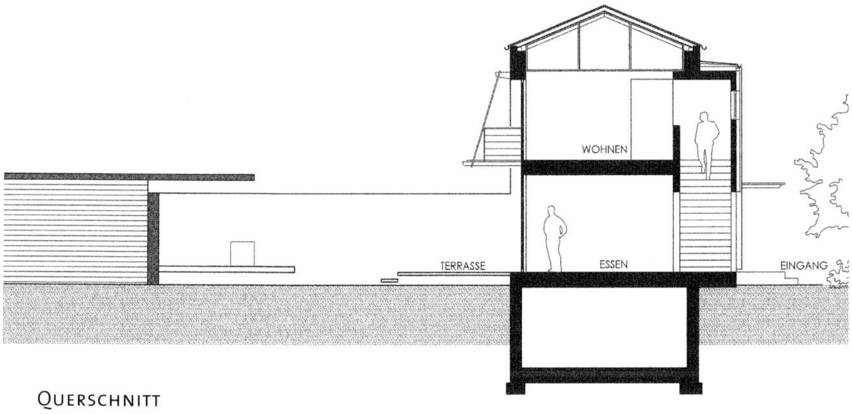

Querschnitt

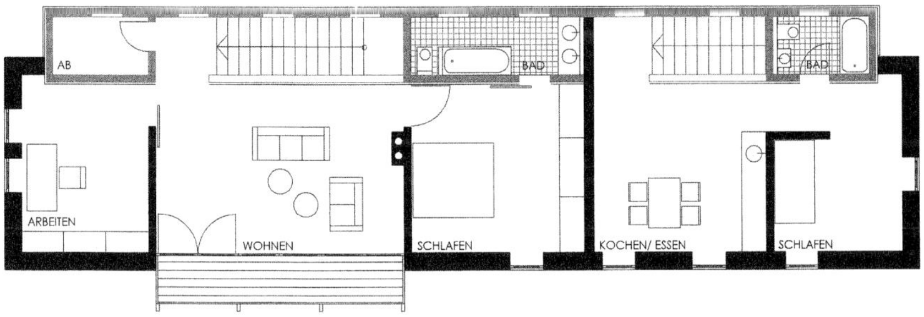

Obergeschoss

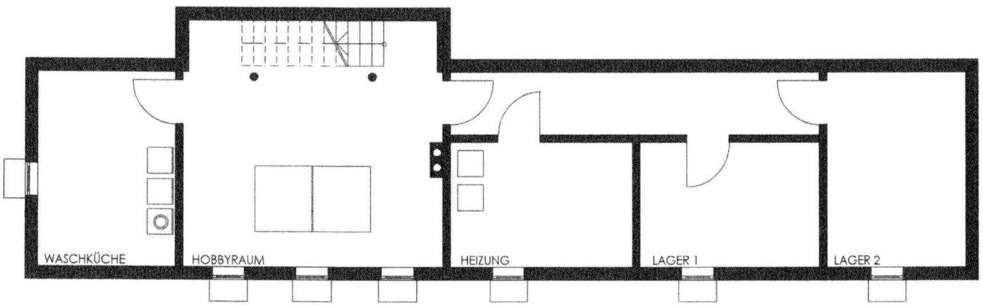

Untergeschoss

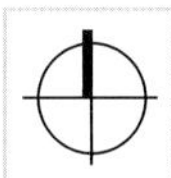

1:200

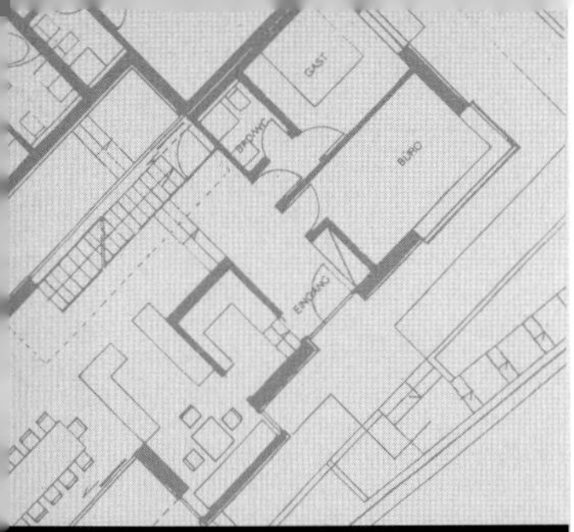

Formale Raffinesse in Holz und Glas

Architekt: Hannes Schreiner, Stuttgart

Entwurfsprämissen

An einem Nordwest-Hang sollte ein Wohngebäude mit etwa 600 Quadratmetern Bruttogeschoßfläche für eine Hauptwohnung, eine Einliegerwohnung und ein Wohnbüro entstehen. Die baurechtlichen Vorgaben im Geltungsbereich eines Bebauungsplanes schrieben die mögliche Nutzungsintensität und ein Baufenster vor, das geringfügig überschritten werden durfte, ebenso die Abstandsflächen zu den Nachbarn.

Raumprogramm

Im Haupthaus befinden sich im Erdgeschoß der Wohnbereich, Küche, Eßraum und Gästezimmer, im Obergeschoß sind die Kinder- und Schlafzimmer untergebracht. Das Nebengebäude birgt die Einliegerwohnung im Unter- und im Erdgeschoß, im Obergeschoß liegt das Büro des Bauherrn.

Realisierung

Das Haupthaus bietet den Nutzern ein System von Wegen und Plätzen, das verschiedene Aufenthaltsbereiche mit ganz unterschiedlichen Raumqualitäten ausbildet. Ein großzügig gegliederter Wohn-Eßbereich und eine offene Küche bilden den Mittelpunkt des familiären Lebens. Von jedem dieser Räume bestehen intensive Bezüge zu den terrassierten Freiflächen. Das Einliegergebäude wird separat erschlossen, ebenso der darauf aufgesetzte Büropavillion. So entstehen drei unabhängig voneinander nutzbare Einheiten. Das Haupthaus und das Einliegergebäude sind räumlich derart ausgebildet, daß den jeweiligen Nutzern ein hohes Maß an wohnlicher Intimität gesichert ist.

Durch intensive bau- und haustechnische Maßnahmen erreicht das Gebäude in seiner Energiebilanz Niedrigenergiestandard (Massivbauweise mit Außendämmung). Die großflächigen Glaselemente sind als reine Stahlkonstruktion ausgeführt, die hinterlüftete Holzfassade in Lärchenholz.

Als ökologisch orientierte Entwurfsaspekte sind die solare Brauchwassererhitzung, die extensive Dachbegrünung und eine erhöhte Wärmedämmung zur Energieeinsparung zu nennen.

Vorangehende Seite: Wer mit Holz umgeht, sollte kein Dogmatiker sein, Materialvielfalt ist meist reizvoller.

Links: Ein Entwurf ist dann gut, wenn das Auge nicht zur Ruhe kommt, vielmehr freudig am Detail verharren kann.
Die Faszination der filigranen Glaskonstruktionen kommt auch dem gekonnten Holzbau zugute.

Für die Nachbarschaft mag dieses Haus eine Provokation sein, vielleicht aber sehnt sich auch der eine oder andere nach dieser Modernität und denkt an Abriß.

Rechts: Hier spürt man die ausgelebte Freude des Architekten am Detail. Der Holzbau liefert dafür nahezu unerschöpfliche Möglichkeiten.

Oben: Ein Anwendungsdetail aus dem Straßenbau – warum nicht? Es hat sich vielerorts bewährt.

Rechts: Die Architektur heute kann auf gewohnte Seh- und Empfindungsgewohnheiten verzichten, wie zum Beispiel den ehemals notwendigen Gebäudesockel. Auch Glas hält jeder Beanspruchung in diesem Bereich stand.

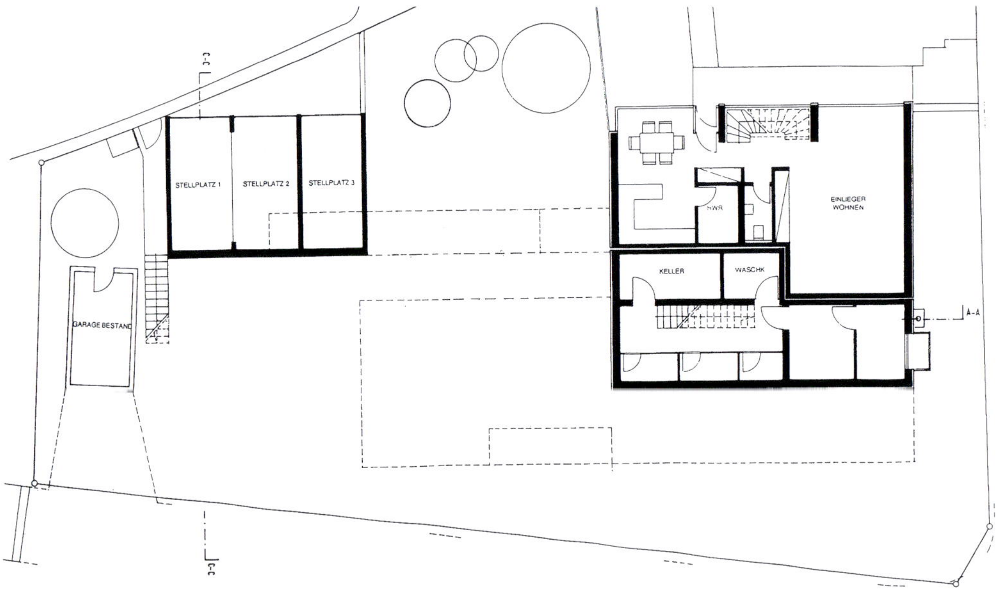

Untergeschoss

Baudaten

Grundstücksgröße:	920 m²
Anzahl der möglichen Bewohner:	10
Wohnfläche:	405 m²
Zusätzliche Nutzfläche im Keller:	45 m²
Baukosten je m² Wohn- und Nutzfläche:	DM 3445,--
Eigenleistung:	Außenanlagen
Bauzeit:	1996-1998

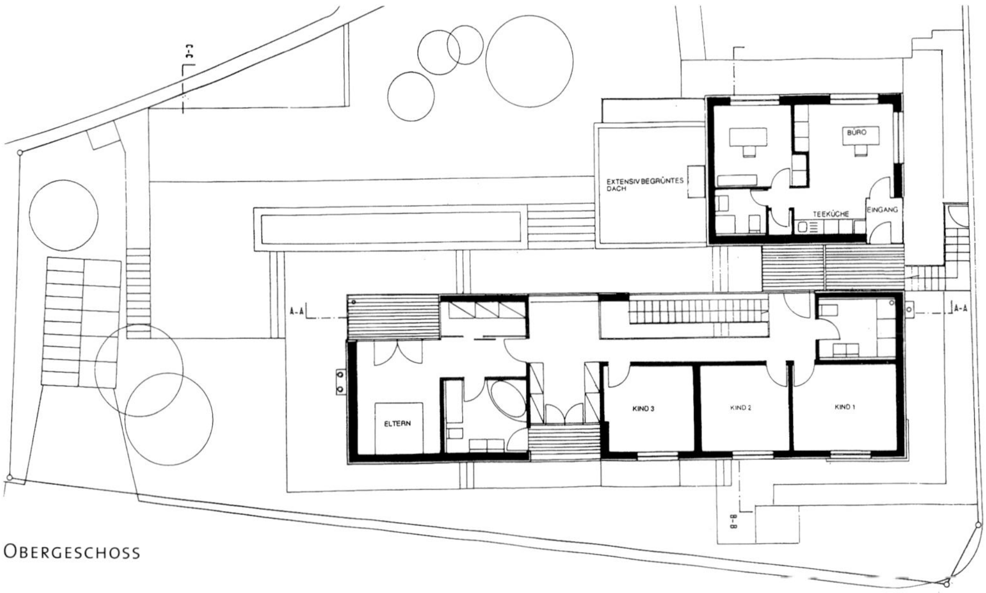

OBERGESCHOSS

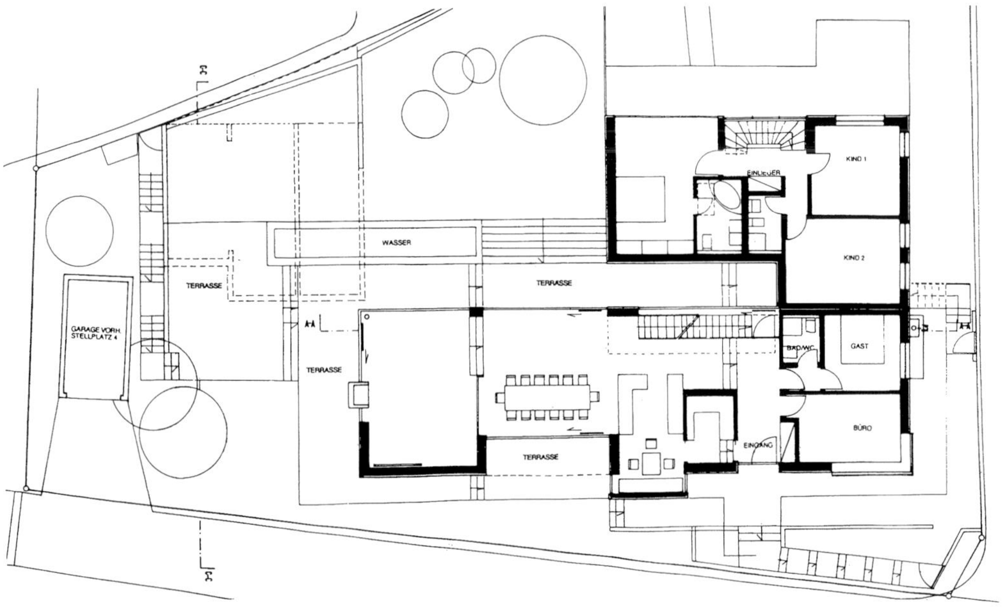

ERDGESCHOSS

1:300

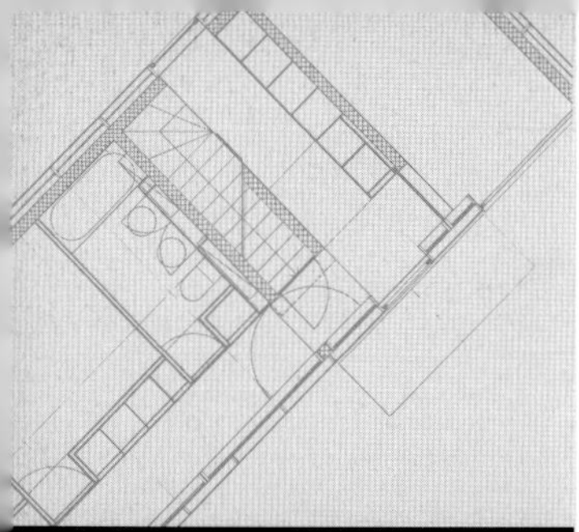

Zwei Wohnhäuser in Domat/Ems

Solararchitektur als Avantgarde

Architekt: Dietrich Schwarz, Domat/Ems

Entwurfsprämissen

Diesen beiden Nullenergiehäusern liegt ein extremes Konzept zugrunde: Der gesamte Energiebedarf (elektrisch und thermisch) wird mit solarer Energie gedeckt. Um dieses Ziel zu erreichen, wurden neue Konstruktionen mit zum Teil bauunüblichen Materialien entwikkelt. Faszinierend ist, daß durch die konsequente Ausrichtung auf das Sonnenlicht neue Raumeindrücke und Formen und nicht zuletzt auch eine neue Ästhetik entstehen.

Standortbedingungen

Die Häuser stehen an einem Ort, wo die minimale Sonnenscheindauer durch die Horizontalverschattung im Dezember nur zweieinhalb Stunden beträgt. Will man an einem solchen Standort ein Nullenergiehaus bauen, so muß der Wirkungsgrad des solaren Heizsystems sehr hoch sein. Die großen Vorteile der transparenten Wärmedämmung (TDW) liegen im optimalen Verhältnis der Transmission von Licht zur Isolation von Wärme. Im Zusammenspiel mit selektiven Absorbern, die unmittelbar hinter der TDW liegen und die Wärmeabstrahlung unterdrücken, ist der Wirkungsgrad mit den heute bekannten Materialien sehr hoch. Die anfallende Sonnenenergie wird nicht im Gebäude absorbiert,sondern in den Außenwänden, die als Speicher dienen. So wird bei maximaler Energieausnutzung eine Überhitzung verhindert. Für die Solararchitektur bedeutet dies, daß nicht nur an idealen, sonnenbeschienenen Standorten ein Nullenergiehaus möglich ist, sondern auch zum Beispiel in urbanen, teilweise verschatteten Zentren.

Solares Energiekonzept

Im Gegensatz zu anderen Solarhäusern ist hier die Kollektorfläche nicht auf das Dach beschränkt,sondern das Haus selbst ist ein einziger großer Kollektor. Die TDW-Kollektorwand eignet sich für die sonnenbeschienenen Fassaden, nicht aber für die Nordfassade. So entsteht ein paradoxes Solarhaus mit fassadenhohen, lichtundurchlässigen Kollektoren im Süden, Osten und Westen, die durch geschoßhohe Fenster getrennt sind. Da der Energieeintrag im Norden sehr gering ist, wird dort auch kein Speicher benötigt. Dieser Umstand wird genutzt, die gesamte Nordfassade als TDW-Lichtwand auszugestalten. So entsteht im Inneren ein heller, fünf Meter tiefer Raum, der von massiven Sichtbetonwänden geprägt ist. Diese wirken im Winter wie ein riesiger Kachelofen, geben angenehme Strahlungswärme ab und verbreiten ein mediterranes Klima.

Licht, Räume, Ausblicke

Die transluzide Nordwand strahlt gleichmäßiges, diffuses Licht aus und verleiht den Innenräumen eine ruhige Grundstimmung. Die Dualität zu den Wärme abstrahlenden Betonwänden erzeugt eine sensitive Sinnlichkeit. Der Boden ist aus großformatigen schwarzen Granitplatten verlegt, welche das einfallende Licht absorbieren und den Räumen eine edle Erscheinung verleihen. Der Innenausbau ist als eine flexible Holzständerkonstruktion ausgebildet, die mit hellen Ahornplatten beplankt ist. Dies ermöglicht bei Bedarf eine relativ einfache Umgestaltung der Raumaufteilung, ohne den massiven Rohbau zu tangieren. Gleichzeitig entsteht eine warme Wohnatmosphäre – und der sorgfältig geschalte Sichtbeton verleiht dem Innenraum die gewünschte Authentizität.

Gezielte Öffnungen stellen trotz der strengen Fassadenstruktur die Beziehung zum Außenraum her. Im Süden sind es geschoßhohe Fenster, im Norden ist es ein Bandfenster, welches die Lichtstimmung des Südhanges einfängt. Die Häuser stehen parallel zum Tal, so hat jedes Haus stirnseitig ein großes Fenster, welches die Aussicht talauf- und talabwärts ermöglicht. Im südlich gelegenen Haus sind das Wohngeschoß unten und das Schlafgeschoß oben angeordnet, im nördlich gelegenen Haus ist die Anordnung umgekehrt, so ist die Tageslichtnutzung und die Aussicht optimal.

Ausblick

Eine neue Epoche entsteht durch einen neuen Zeitgeist und drastisch veränderte Rahmenbedingungen. In der heutigen Situation ist die Solararchitektur die Avantgarde. Sie versucht als einzige architektonische Strömung, eine ernsthafte Antwort auf eben diese Veränderungen zu geben.

Vorangehende Seite: Ein Fassadenbild von bleibender Qualität. Die feine Detaillierung läßt die technischen Aspekte des Entwurfskonzeptes eher in den Hintergrund treten.

Oben: In Bad und Küche findet die Abkehr von der „kühlen" Raumwirkung statt.

Rechte Seite: die offen angelegte Raumfolge im Obergeschoß.

Oben links: Das strenge Grundrißkonzept im Erdgeschoß – hier liegen die Schlafräume.

Unten links: Räumlich minimiert: Die Eingangssituation mit dem Aufgang zum Wohngeschoß.

Baudaten

Grundstücksgröße:	715 m²
Anzahl der Bewohner:	4/4
Wohnfläche:	160 m²
Zusätzliche Nutzfläche im Keller:	76 m²
Baukosten je m² Wohn- und Nutzfläche:	ca. DM 4200,--
Eigenleistung:	Keine
Betriebskosten:	Keine
Bauzeit:	1996 - 1997

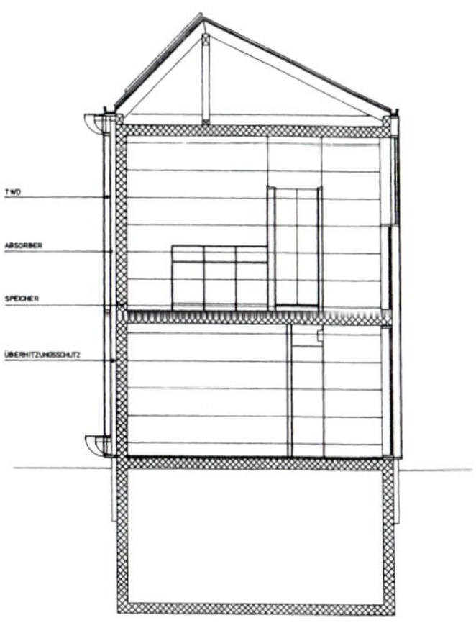

Querschnitt

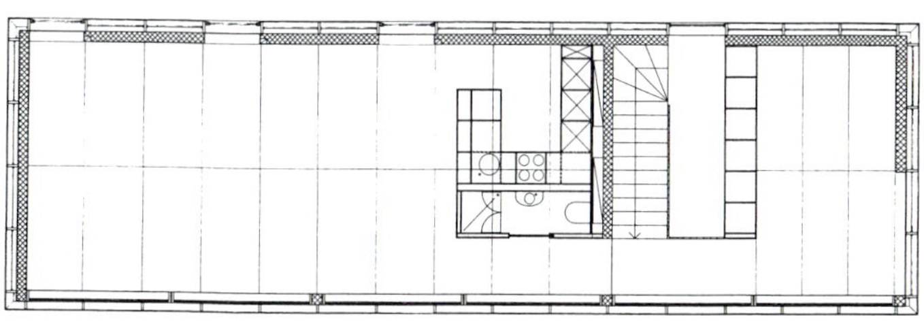

Obergeschoss

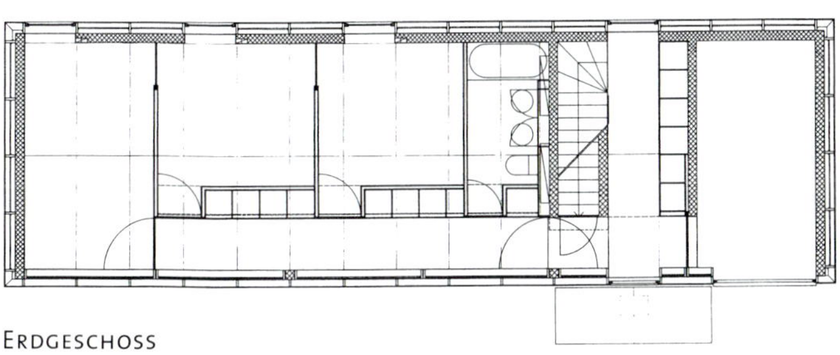

Erdgeschoss

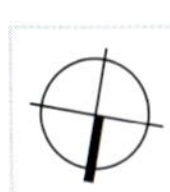

1:200

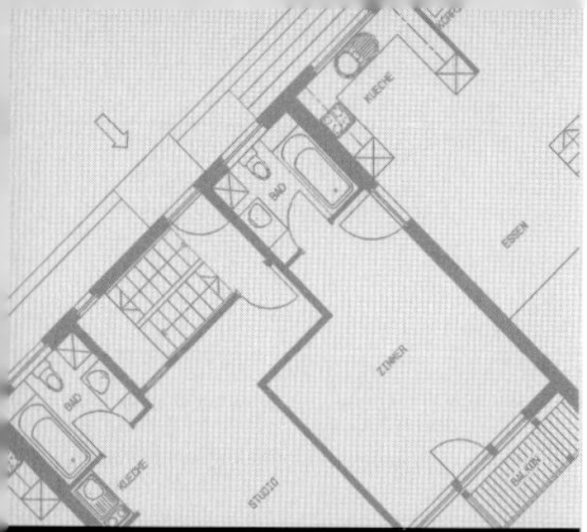

Wohnsiedlung in Ersigen/Bern

Klassische Architektur für ein innovatives Hauskonzept

Architekt: Steffen, Dubach und Partner, CH-Burgdorf

Raumprogramm

Die Siedlung besteht aus drei Doppelhäusern (Grundeinheit 5 1/2 Zimmer) mit je einem dazwischenliegenden Verbindungsbau (Zusatzeinheit). Dieser umfaßt je nach Bedarf eine 5 1/2- Zimmer Wohnung, zwei eigenständige Kleinwohnungen, Studios oder zusätzliche Räume, die separat genutzt oder den Grundeinheiten zugeschaltet werden können. Diese Flexibilität ist die Grundidee der Siedlung und wird durch die Anlageteile, die im Besitz der Genossenschaft verbleiben, auch für die Zukunft gewährleistet. Durch die freie Unterteilung und Zuordnung der Zusatzeinheiten wird eine große Flexibilität erreicht, die den sich ändernden Bedürfnissen der Bewohner mit Wohnraumvergrößerung oder Verkleinerung nach Wunsch Rechnung trägt.

Architektur, Form, Detail

Die Siedlung entspricht der Idee des verdichteten Bauens, bietet jedoch genügend Freiräume für die individuellen Wohn- und Lebensverhältnisse der Bewohner. Die Autoabstellplätze wurden zentral angeordnet, somit bleibt die Siedlung selbst verkehrsfrei. Die allgemeinen Anlagen wie Freizeitraum, Spielplatz und Gartenanlagen sollen das Zusammentreffen der Bewohner fördern und erleichtern.

Nach Süden ist die gesamte Fassade verglast und mit einer vorgesetzten Balkonkonstruktion versehen. Sämtliche Naßräume sind in einem nach Norden ausgerichteten Hausteil untergebracht, das begrünt wurde. Im Zusammenhang mit dem Schrägoberlicht über die gesamte Breite der Grundeinheit wirkt das ganze Haus hell und transparent. Die durch die leichte Hanglage bedingte halbgeschossige Versetztheit unterstützt die Transparenz und schafft eine erlebnisreiche Raumatmosphäre.

Konstruktion

Die gewählte ökonomische Konstruktionsart aus Holztafeln und Holzrahmenelementen erlaubte eine kurze Bauzeit, was sich auch positiv auf die Bau- und Finanzierungskosten auswirkte. Als bauökologische Aspekte der Planung sind die Verwendung heimischer Hölzer für Konstruktion und Ausbau zu nennen, die Nutzung passiver Solarenergie und eine aus sieben Sonden bestehende Erdwärmepumpe mit einer Bohrtiefe von 125 Metern. Als Zusatzheizung für die Übergangszeit dienen Kaminöfen.

Die baulichen Dimensionen des Eingangsbereiches verraten noch nichts von dem Raumwunder im Inneren der Häuser.

Zur Landschaft hin dagegen besticht die große Geste. Jedes Haus wird in seiner Form besonders akzentuiert, die Zwischenbauten dienen als architektonische Zäsur.

Der Eingang mit dem Oberlicht über dem Eßbereich vor der Küche.

Die Belichtungssituation innen im Übergang vom Eingang zum Wohnbereich.

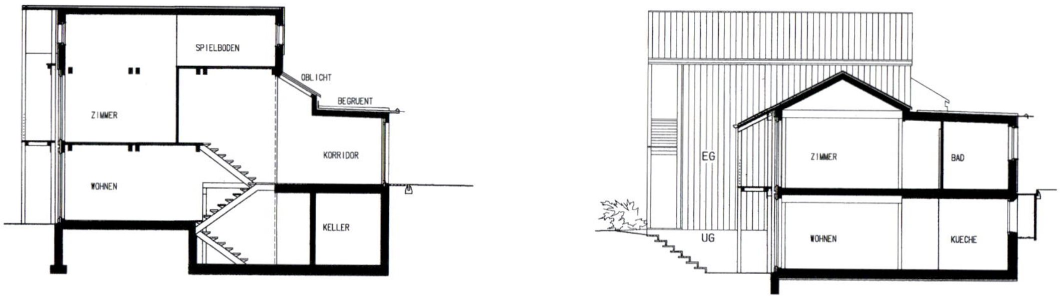

Querschnitte

Der Eßplatz auf der Eingangsebene mit dem Durchblick in den tiefer liegenden Garten.

Der Blick vom Wohnraum hinauf zum Eßplatz.

Neben dem Eingang liegt die offene Küche, das schwarze Gitter schirmt den Zugang optisch ab.

Das Konzept der durch Zwischenbauten separierten Häuser schafft für jede Einheit einen eigenen Gartenbereich – ohne die Enge üblicher Reihenhauskonzepte.

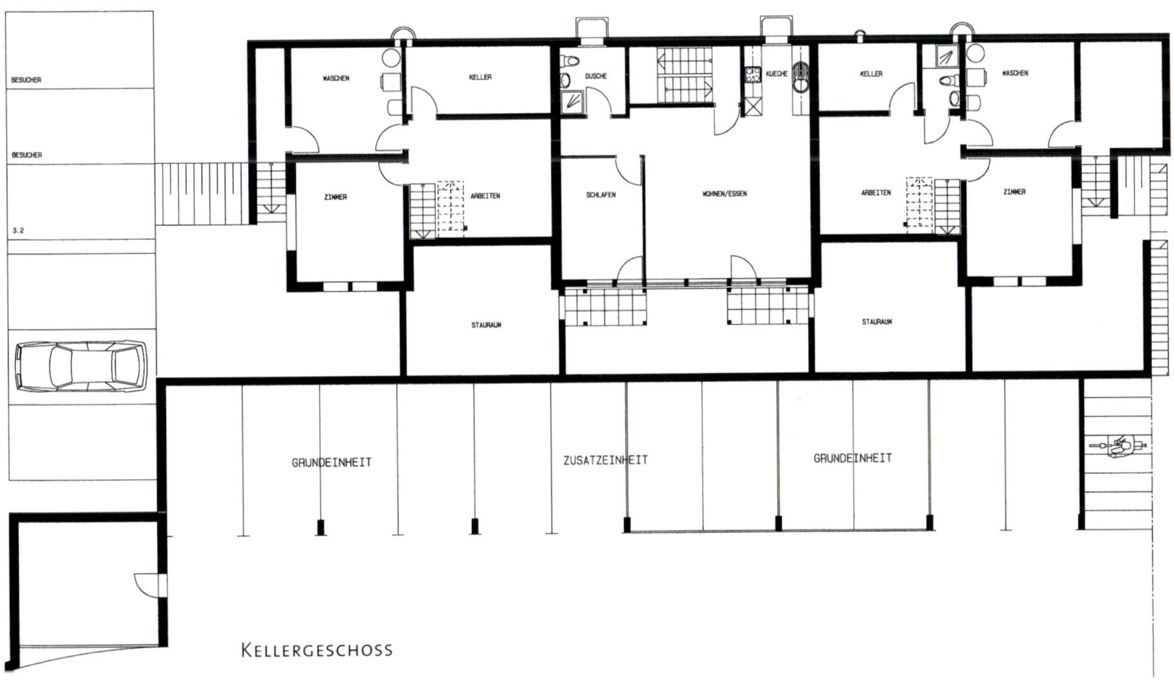

Kellergeschoss

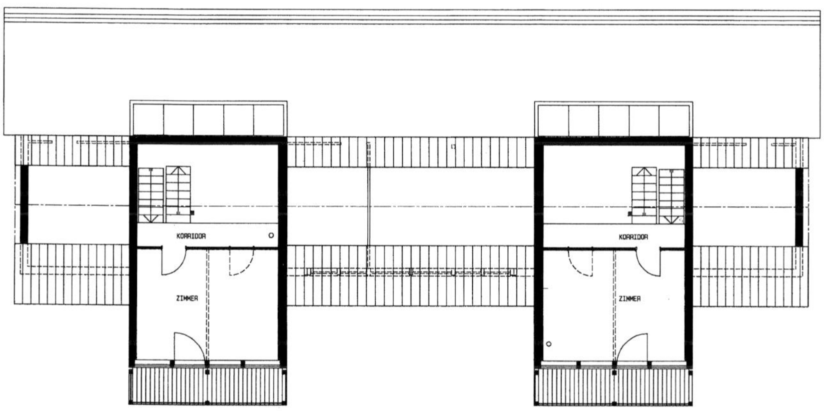

DACHGESCHOSS

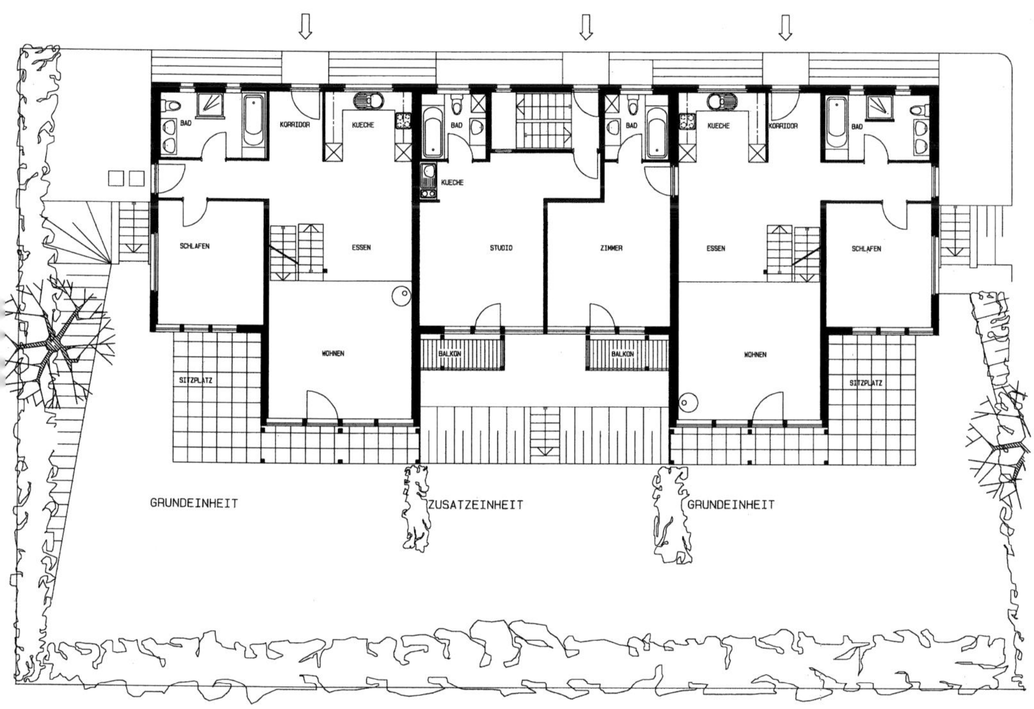

ERDGESCHOSS

Baudaten

Grundstücksgröße:	3100 m^2
6 Einfamilienhäuser mit je 180 m^2	
6 Wohnungen mit je 60 m^2	
Anzahl der Bewohner:	5/3
Zusätzliche Nutzfläche im Gemeinschaftsraum:	62 m^2
Baukosten je m^2 Wohnfläche:	DM 2880,--
Baukosten je m^3 umbauter Raum:	DM 630,--
Eigenleistung:	Letzter Anstrich, Kinderspielplatz, Ausbau Gemeinschaftsraum
Bauzeit:	7 1/2 Monate
Baujahr:	1995

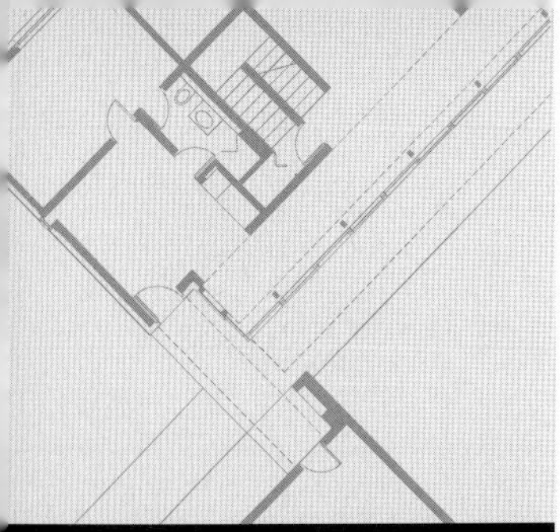

Wohnhaus in Bottighofen am Bodensee

Avantgarde und Tradition als architektonisches Konzept

Architekt: Frank E. Strasser, Zürich

Grundstück

Das Haus befindet sich am Ostende einer heterogenen Streusiedlung, etwa 100 Meter vom Ufer entfernt auf leicht zum Bodensee hin abfallendem Baugrund. Prägend für die Situation sind der Ausblick Richtung Norden zum See, ein Waldstreifen entlang des Baches im Osten und ein offener Horizont nach Westen und Süden, wo eine Bahnlinie verläuft. Für die Planung gab es daher das grundsätzliche Problem der Diskrepanz zwischen bevorzugter Aussicht Richtung See und effizienter Gebäudeorientierung nach Süden.

Raumprogramm

Gewünscht waren ein Wohnhaus für zwei Personen mit Gästezimmer und Doppelgarage mit modernen, großzügigen Wohnräumen gehobenen Standards. Da das Grundstück keinen eigenen Seeanschluß hat, sollte Wasser als konzeptionelles Element mit einbezogen werden.

Entwurfsprämissen

Es galt eine Alternative zu den Konventionen eines typischen, suburbanen Einfamilienhauses zu finden. Dabei sollten räumliche, gestalterische und ökologische Strategien angewandt werden, um die einschränkenden Bauvorschriften (Ausnutzungsziffer des Grundstücks 0,15 und Dachneigungen zwischen 25 und 45 Grad) nicht zu umgehen, sondern sie in einen Vorteil zu verwandeln.

Entwurfskonzept

Zwei bis zur Abstraktion reduzierte Baukörper sind am Nordende des Grundstückes angeordnet. Das Wohngebäude mit seiner Metall- und Glashaut sowie die Garage aus Sichtbeton wirken kontrapunktisch zur Natur. Sie stehen winkelförmig zueinander und definieren so einen Außenraum mit Wasserbecken und Sitzplatz innerhalb eines ansonsten naturbelassenen Umfeldes. Das Innenraumkonzept besteht darin, die Nebenräume und die Treppen zu einem zentralen Gebäudekern zu organisieren und seitlich daran offene, teilweise zweigeschossige Zonen anzugliedern. Damit wird die gewünschte räumliche Großzügigkeit erreicht. Der Kern steht als Sichtbetonskulptur im Raum mit edler, fast samtiger Oberfläche. Die Qualitäten der Umgebung sind von ausgewählten Innen- und Außenräumen erlebbar.

Die Wasseranlage – eine Referenz an den See – ist ein wichtiges architektonisches Element innerhalb der Gesamtkomposition. Sie ist als Naßbiotop konzipiert und wird mittels einer Stufenrampe geometrisch präzise gefaßt. Durch die differenzierte Ausbildung mit variabler Tiefe und unterschiedlichem Untergrund kann sie entlang der Hausseite als Schwimmbecken genutzt werden. Eine Unterwasserbeleuchtung erzeugt abends attraktive, surreal anmutende Lichtstimmungen, die den Innenraum optisch nach außen erweitern.

Vorangehende Seite: Blick auf die strenge Mittelfassade des Wohnhauses, daneben liegt winkelförmig die Garage aus Sichtbeton.

Oben: Das Wasserbecken verleiht dem Ensemble eine zusätzliche, strenge Ausstrahlung, die zu kontemplativer Haltung einlädt.

Die Stufen, die um das Wasserbecken herumführen, laden mit ihren langen, rhytmisch angeordneten Auftrittsbereichen zu bewußtem Schreiten ein. Die spätere Wirkung dieses Biotops läßt sich nur erahnen, die Kombination aus Schwimmbad und Teich aber wird reizvoll sein – die Faszination des Bodensees ist stets präsent.

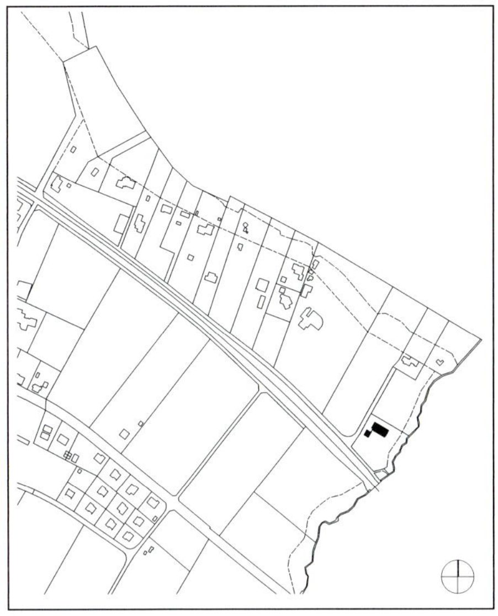

LAGEPLAN O.M.

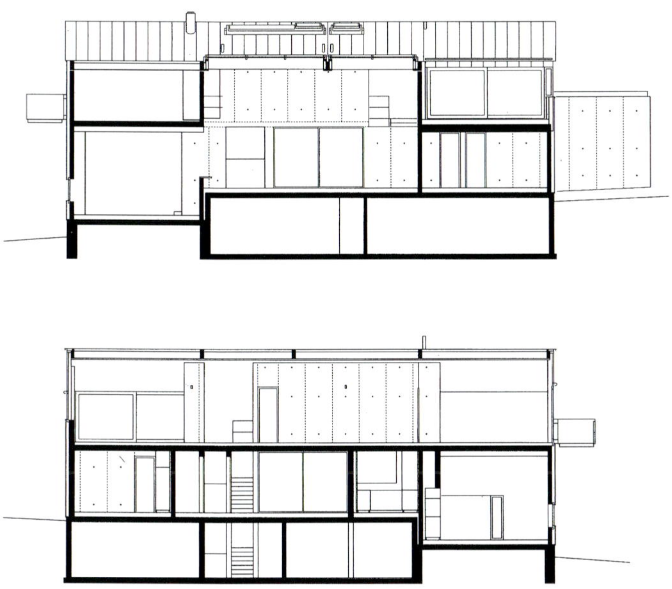

LÄNGSSCHNITTE

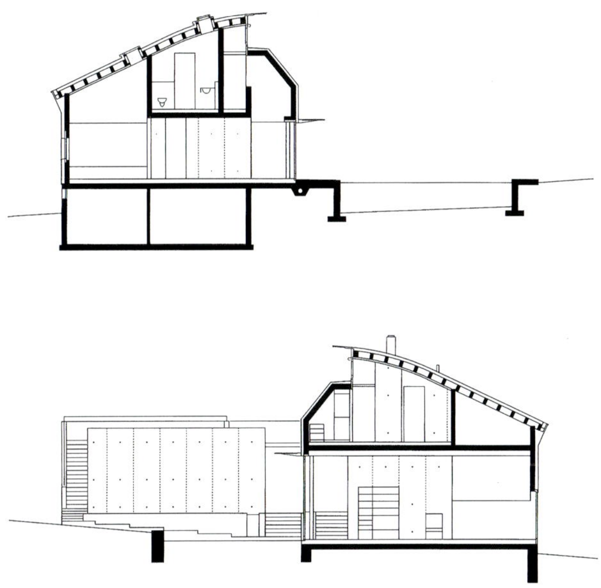

QUERSCHNITTE

Kühler Sichtbeton in diesem Umfang ist für ein Einfamilienhaus sicher ungewöhnlich, in der Kombination mit dem warmen Holzton des Bodens und der Schränke wird seine abweisende Wirkung aber gemildert. Das Weitere wird die Möblierung erreichen.

Hinter der halbhohen weißen Brüstung befindet sich die Küche. Die Stufen im Hintergrund führen zum Eßbereich und zum Wasserbecken.

Baudaten

Grundstücksgröße:	2340 m^2
Anzahl der Bewohner:	2
Wohnfläche:	236 m^2
Zusätzliche Nutzfläche:	155 m^2
Baukosten je m^2	
Wohn- und Nutzfläche:	DM 3900,--
Baujahr:	1995

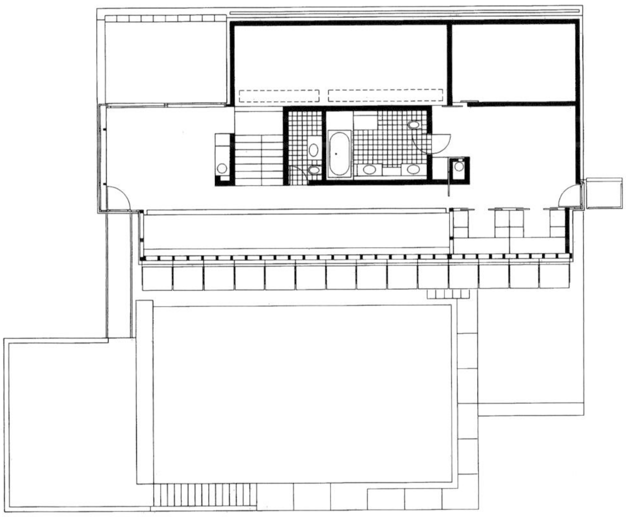

Obergeschoss

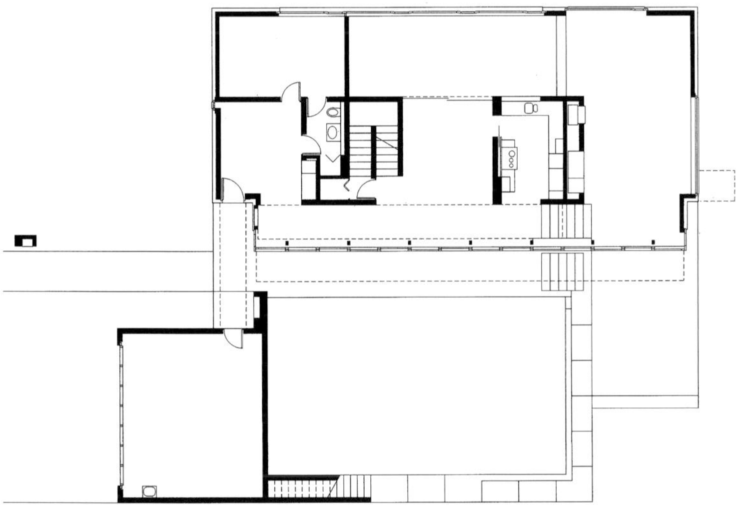

Erdgeschoss

1:300

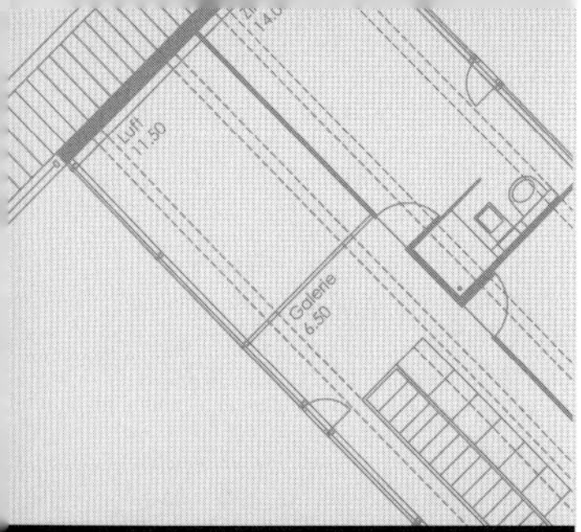

Wohnhaus in Winterthur

Rationalität als architektonisches Credo

Architekten: Wagner Graser, Sargans/Zürich

Entwurfskonzept

Das Leben heute findet im Vergleich zu vergangenen Epochen in neuen räumlichen und zeitlichen Zusammenhängen statt. Ziel der architektonischen Arbeit sind daher nach rationalen Regeln gestaltete Räume mit optimierten Konstruktions-, Bewegungs- und Mediensystemen. Eine gewisse Neutralität der Architektur ist aus Sicht der Architekten Voraussetzung für ihre zeitgemäße Nutzung. Sie verlangen den Verzicht auf explizites Vorzeigen, auf demonstratives Gestalten. Form soll keineswegs aus einer persönlichen Vorliebe entstehen.

Architektur, Form, Detail

Die Architektur des Baukörpers und der Innenräume sind das Resultat der Beschäftigung mit Fragen der Vorfabrikation. Von besonderem Interesse für die Architekten ist das Verhältnis zwischen industriellen Bauteilen und deren räumlichem Potential. Es ist ihnen wichtig, daß die Tragstruktur auch im Ausbau sichtbar und raumbildend bleibt. Sachlich im Stil wird versucht, industriell gefertigte Produkte in eine neue Ästhetik zu überführen. Gerade aus der Verwendung vorfabrizierter Bauteile entsteht hier nicht Industriearchitektur, sondern eine individuelle, zweckmäßige Lösung: ein Wohnhaus, das präzise auf die Besonderheiten des Ortes und die Bedürfnisse und Wünsche seiner Bewohner eingeht.

Konstruktion

Die Tragkonstruktion basiert auf 3 x 15 Meter großen Doppel-T-Fertigelementen aus Beton. Sie überspannen das Haus in Längsrichtung. Als Auflager dienen die geschlossenen Seitenfassaden aus Ortbeton. Erd- und Obergeschoß sind im Grundriß um eine Plattenbreite zueinander verschoben. Die Gebäudehülle stabilisiert sich erst im räumlichen Zusammenspiel von vorfabrizierten und am Ort gegossenen Betonscheiben. Anders als bei konventionell konstruierten Gebäuden sind sowohl Erd- als auch Obergeschoß völlig stützenfrei. Die Innenwände können auf Wunsch der Bauherrschaft anders eingeteilt oder ganz entfernt werden.

Aussenraum

Das Wohnhaus steht am Rand eines Südhanges in einer Einfamilienhauszone. Die Zufahrt erfolgt über eine Stichstraße von Norden. Das maximale, vom Baugesetz erlaubte Volumen von 708 Kubikmetern über dem gewachsenen Terrain wurde gänzlich ausgeschöpft. Um trotz der Hanglage möglichst große, ebene Außenflächen schaffen zu können, ist das Haus quer zum Hang plaziert.

Grundrisskonzept:

Die Anordnung der Räume folgt der Logik der Tragkonstruktion. Das Resultat der konsequenten Umsetzung des Prinzips von durchgehenden, längs angeordneten Fensterflächen sind sehr helle, ebenfalls längs orientierte Innenräume. Sie sind im öffentlichen Bereich über den Luftraum zu einer Z-förmigen Figur über zwei Geschosse zusammengefaßt. Daran sind vier Schlafräume und zwei Bäder angegliedert. Die Glasflächen öffnen die Innenräume großzügig auf den Außenraum: im Norden auf eine begehbare Terrasse, die von einer mit Stoff bespannten Stahlstruktur vor Sonne und Einblick geschützt ist, im Süden auf den teilweise überdeckten, einseitig geschlossenen Hof. Die Garage und die Nebenräume sind im Erdgeschoß angeordnet, die Rasenfläche im Erdgeschoß über eine Außentreppe mit dem Straßenniveau im Osten und ebenerdig mit dem Schwimmbad im Westen verbunden.

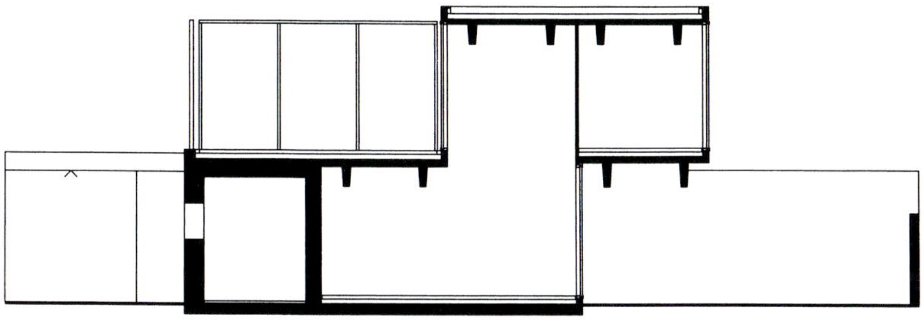

Querschnitt Luftraum

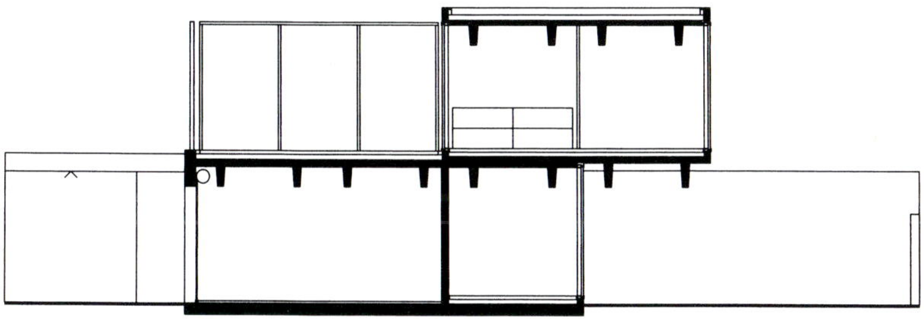

Querschnitt

Unten: Im geschützten Innenhof läßt sich die unmittelbare Nachbarschaft ausblenden.

Ganz unten: Das auskragende Obergeschoß ist willkommener Schutz für die Terrasse vor dem Wohnraum im Hanggeschoß.

Links oben: Kein Fremdkörper – Vorbild für die architektonischen Gemeinplätze in der Nachbarschaft.

Links: Wenn die Topografie keine Abgrenzungsmöglichkeiten bietet, dann tun es auch textile Leichtwände.

Die Arbeitsmodelle veranschaulichen die nicht gerade einfache Planungssituation.

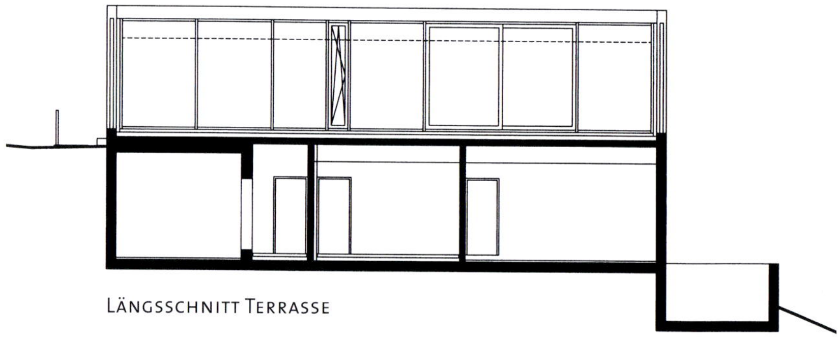

Längsschnitt Terrasse

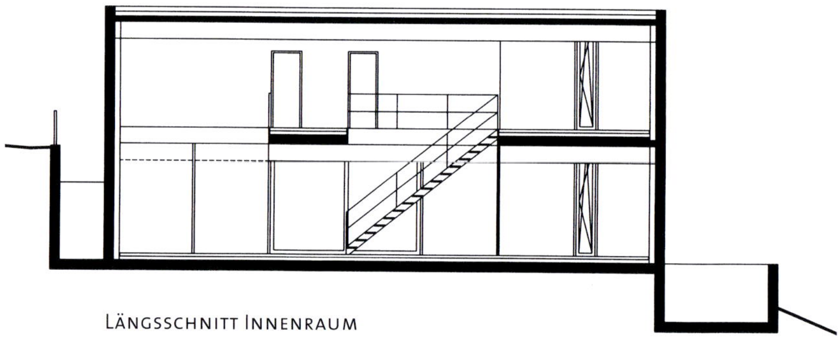

Längsschnitt Innenraum

Links: Der Raumeindruck im teilweise zweigeschossig angelegten Wohnraum.

Die ungewöhnliche Tragstruktur der haustiefen Betonträger ermöglicht den stützenfreien Grundriß. Spätere räumliche Veränderungen sind einfach auszuführen.

Baudaten

Grundstücksgröße:	590 m²
Anzahl der Bewohner:	2 - 4
Wohnfläche:	160 m²
Zusätzliche Nutzfläche:	100 m²
Baukosten je m² Wohn- und Nutzfläche:	DM 3200,--
Eigenleistung:	Keine
Planungsbeginn:	4.1.1997
Baubeginn:	Nov. 1997
Bezug:	6.1.1998

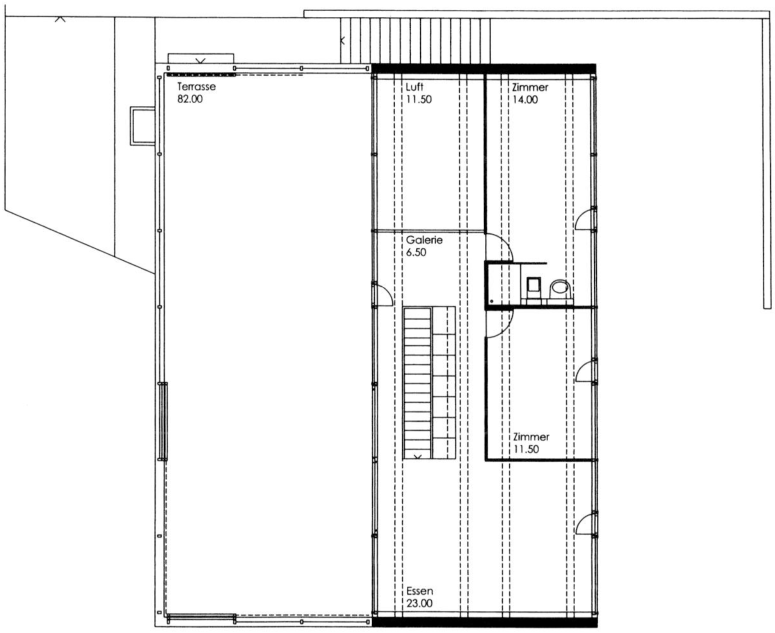

OBERGESCHOSS

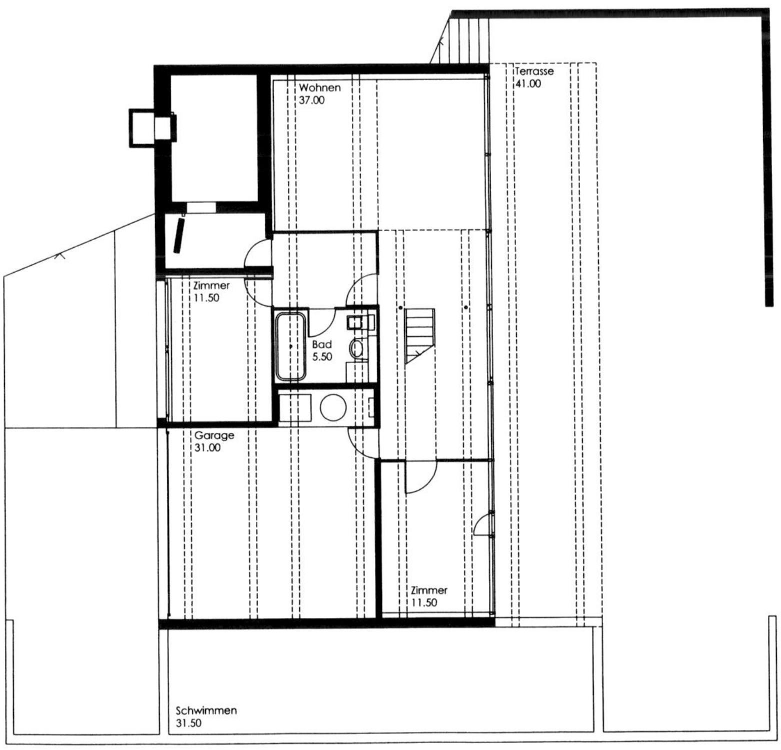

ERDGESCHOSS

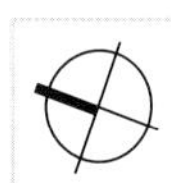

1:200

Wohnhaus in Graz

Solararchitektur beispielhaft interpretiert

Architekt: Heinz Wondra, Graz

Ausgangssituation

Der Grundstückshang fällt von Osten nach Westen ab, der Baugrund ist geologisch instabil – ein Rutschhang mit wasserführenden Schichten.

Raumprogramm und Grundriss

Der Wunsch der Bauherrschaft ist mit dem Zitat beschrieben: „Ein modernes, offenes und transparentes Haus ohne unnötigen Aufwand“ für eine Familie und die beiden Großmütter als Gäste. Der Einliegerbereich sollte gehbehindertengerecht ausgeführt werden.

Architektur, Form und Detail

Die Stichworte des Architekten zu den drei Bereichen lauten:

- Bauwerk als intelligentes Produkt mit Anspruch auf hohe architektonische Qualität von der Großform bis zum Detail
- Stringenz in der Wahl der Materialien und Reduktion des formalen Aufwandes
- Entscheidung zum Baustoff nach der konstruktiven Angemessenheit

Konstruktion

Stichworte zur konstruktiven Struktur: Pfahlgründung mit Fundamentplatte, Erdgeschoß als dichte Wanne, Massivdecke über dem Untergeschoß, Pfeilerreihe an der Südfassade als Speichermasse für den Klimapuffer. Material: Beton.

Dach und Nordwand als Dreigelenkrahmen mit zwei unverschieblichen Auflagern, verleimte Mehrschichtplatte für vorgefertigte Großtafelbauweise in tragender Funktion. Holz als fertige Oberfläche, keine Verkleidungen, keine Zierfunktion. Holz als Komponente für Raumklima und Raumakustik, Holz als moderner Baustoff ohne klischeehafte Sentimentalität.

Stichworte zur Materialwahl: Unbehandelter Sichtbeton innen und außen ohne emotionale Ressentiments. Glas: Geschlossene Oberflächen nach Norden und Osten, Transparenz nach Süden und Westen und zum Himmel. Einblick, Ausblick, Energieeintrag, Schönheit.

Energetische und ökologische Aspekte

Bei diesem Wohnhaus werden allgemein bekannte physikalische Eigenschaften des Sonnenlichtes genutzt und sinnvoll umgesetzt. Zitat der Bewohner: „Das Haus ist im Winter so warm, daß sich an sonnigen Tagen oft die Gasheizung auch nachts nicht einschaltet“. Im Klimapuffer wurden im Winter +37 Grad Celsius gemessen. „Simple Tech“ und passive Solarenergie: Die Sonnenenergie wird durch einen Klimapuffer in Warmluft umgewandelt und im Beton gespeichert. An die Stelle technischer Anlagen tritt die Steuerung durch die Bewohner. Durch Öffnen und Schließen der Fenster wird die Raumtemperatur reguliert. Die Kosten für den Klimapuffer amortisieren sich über die Einsparung an Heizenergie. Eine Alterung technischer Anlagen ist nicht gegeben, da es keine gibt. Der Klimapuffer liefert im Winter, im Herbst und im Frühling Energie, im Sommer wird er verschattet, wobei die zweischichtige Fassade als Schutz gegen Wärmeverlust dient.

Durch den sinnvollen Einsatz der Baumaterialien Beton, Holz und Glas im Zusammenwirken mit der Bauform und der Organisation der Wohnfunktionen wird den Bewohnern ein sehr naturnahes Wohnen in der Großstadt geboten.

Durch konsequenten konstruktiven Holzschutz sind nahezu keine Holzflächen bewittert, im Inneren des Hauses sind die Oberflächen von Wand, Decke, und Fußboden unversiegelt , die Oberflächen der Möbel und Raumtrennelemente wurden geölt.

Die Geländeumformung ist minimal, der Bauplatz ist durch die Stellung des Gebäudes relativ wenig ausgenutzt, der Anteil an Natur bleibt dadurch groß. Durch die Gebäudeanordnung bleibt der Grundwasserstrom ungestört, eine Bodenversiegelung wurde vermieden, alle Bäume erhalten.

Durch die kurze Bauzeit von März bis Dezember wurden die Nachbarn nur kurz und wenig gestört.

Eindrucksvoll zeigt die Aufnahme in der Dämmerung das Energieprinzip des Hauses, das auf dem Wärme produzierenden Glaskörper und seinen zugehörigen Speichermassen aus Beton basiert.

Kompromißloser in der Reduktion läßt sich ein Eingang kaum gestalten – und doch ist das Ergebnis in seiner ästhetischen Wirkung faszinierend, in der architektonischen Botschaft der Form ebenso wie in der präzisen Detaillierung.

Die Nordseite des Hauses wurde konsequent verschlossen, eine einfache Blechverkleidung schützt die Wärmedämmung.

Der kleine Teich sorgt mit seinem Spiegeleffekt für räumliche Weite im Untergeschoß, lädt zum Sinnieren ein und reflektiert die Sonnenstrahlen ins Haus – Funktionen, die sich gegenseitig stärken.

Unten: Der Glaskörper mit geöffneten Fenstern – Wärmeabbau.

Eine minimierte, gefaltete Stahltreppe verbindet das Untergeschoß mit dem Wohnraum.

Rechts: Der Blick von der Küche hinunter ins Hanggeschoß.

Unten: Der Blick hinauf – auch aus dem Untergeschoß besteht Blickkontakt zum Himmel.

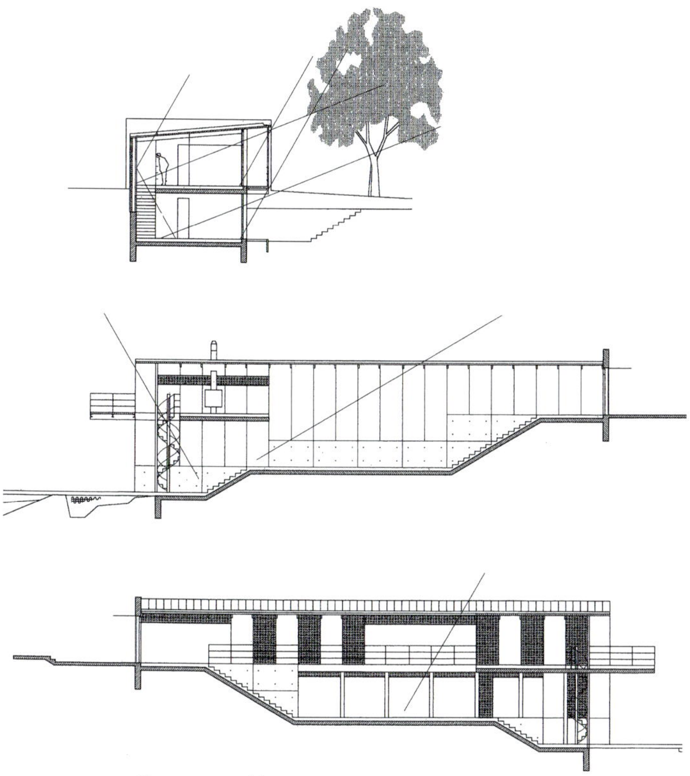

SCHNITTE O.M.

Raumhohe Schiebetüren erlauben im Obergeschoß den freien Blick über die gesamte Gebäudelänge.

Die im Obergeschoß auskragende Terrasse.

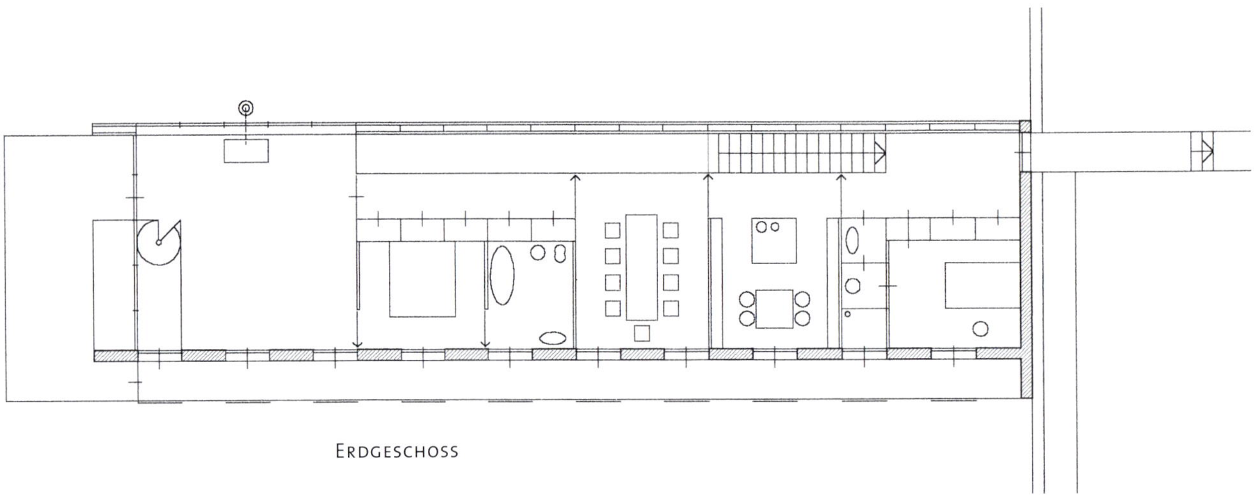

Erdgeschoss

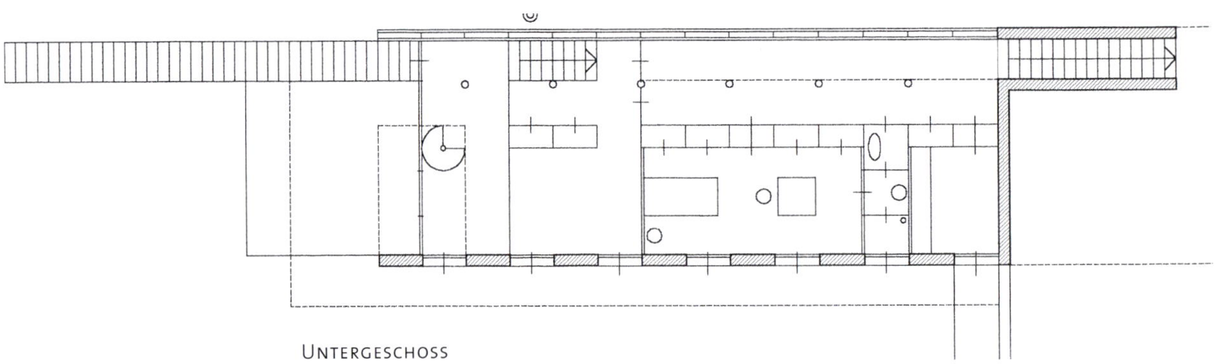

Untergeschoss

Die Kombination aus wenigen notwendigen, gefliesten Wänden und Holzpaneelen verschafft dem Bad eine anheimelnde Atmosphäre. Darüber hinaus stimmt jedes Detail.

Der Kommandostand der Küche mit Blickkontakt zum entfernten Garten und ins Untergeschoß. Im Rücken der Eßplatz vor der Glaswand – zwei bestechende Aussichten.

Baudaten

Grundstücksgröße:	1016 m^2
Anzahl der Bewohner:	3/1
Wohnfläche:	240 m^2
Kellerersatzfläche:	20 m^2
Baukosten je m^2 Wohn- und Nutzfläche:	DM 3000,--
Eigenleistung:	Keine
Baujahr:	1998
Bauzeit:	10 Monate

Architektenverzeichnis und Bildnachweis

Die 100 besten Architekten des Architekturpreises
Einfamilienhäuser der Reiners Stiftung

Die 34 ausgezeichneten Projekte:

Angélil / Graham / Pfenninger / Scholl
Zypressenstraße 71, CH-8004 Zürich
6009 Rodgerton Drive,
Los Angeles, CA 90068, USA
Fotos: Reinhard Zimmermann,
Gaston Wicky, Zürich
Seiten: 10-15

Werner Bäuerle
Schwedenschanze 5, 78462 Konstanz
Fotos: Stefan Müller-Naumann, München
Seiten: 26-31

Robert Burri + Dr. Daniel P. Meister
Rainlihalde 7, CH-6260 Reiden
Fotos: Thomas Hämmerli, Gondiswil
Seiten: 32-35

Georg Driendl
Mariahilferstraße 9, A-1060 Wien
Fotos: Sigrun Appelt, Wien
Seiten: 36-41

Michael Drüe
Minzeweg 3, 50999 Köln
Fotos: Jens Willebrand, Köln
Seiten: 42-47

Dzino & Dzino
Asim Dzino & Claudia Dzino
Schönbrunnerstr. 44/15, A-1050 Wien
Fotos: Helmut Tezak, Graz
Seiten: 48-53

Paulus Eckerle
Eckerle Architektur
Baggerweg 11, 85051 Ingolstadt
Fotos: Archiv Architekt Seiten: 54-57

Hermann Eisenköck
Jahngasse 9/1, A-8010 Graz
Fotos: Paul Ott, Graz Seiten: 58-63

Thomas Fabrinsky
Kaiserallee 43, 76133 Karlsruhe
Fotos: Clemens Ortmeyer, Braunschweig
Seiten: 64-69

Fink + Jocher
Dietrich Fink, Dr. Thomas Jocher
Barer Straße 44, 80799 München
Fotos: Archiv Architekten Seiten: 70-73

Gassner & Zarecky
Maiglöckchenweg 16, 85521 Riemerling
Fotos: Matthias Verbeck, Norbert Zarecky,
München Seiten: 74-79

Gatermann + Schossig und Partner
Dörte Gatermann, Elmar Schossig,
Dietrich Mengel
Richartzstraße 10, 50667 Köln
Fotos: Jens Willebrand, Köln Seiten: 80-85

Giraudi & Wettstein
Corso Pestalozzi 21 B, CH-6900 Lugano
Fotos: Ralph Feiner, Lugano Seiten: 16-21

Heil & Aichele
Werner Heil & Joachim Aichele
Osterwaldstraße 61 A, 80805 München
Fotos: Marianne Heil, München
Seiten: 22-25

Jeremy Hoskyn
Seebahnstraße 109, CH-8003 Zürich
Fotos: Archiv Architekt Seiten: 86-91

Christine + Horst Lechner
Priesterhausgasse 18, A-5020 Salzburg
Fotos: Dietmar Tolerian, Salzburg Seiten: 92-95

Leuschner Gänsicke
Thedestraße 108, 22767 Hamburg
Annendorfer Str. 101, 06886 Wittenberg
Fotos: Archiv Architekten Seiten: 96-101

Linie 4 BDA
Martin Bächle, Maria Kollmann,
Karin Meid-Bächle, Uwe Schlenker
Seestraße 9, 78464 Konstanz
Mutzenbühlstraße 16,
78054 Villingen-Schwenningen
Fotos: Archiv Architekten
Seiten: 102-107

Peter Lorenz
Maria-Theresien-Straße 37,
A-6020 Innsbruck
Franz-Josefs-Kai 45, A-1010 Wien
Fotos: Hajo Willig, Gruner + Jahr, Hamburg
Seiten: 108-113

Prof. Christoph Mäckler
Opernplatz 14, 60313 Frankfurt a. Main
Giesebrechtstraße 5, 10629 Berlin
Fotos: Dieter Leistner, Architekton, Mainz
Seiten: 114-119

Prof. H. Pfeiffer, Ch. Ellermann, J. Preckel
Hinterm Hagen 50, 59348 Lüdinghausen
Köpenicker Str. 48/49, 10179 Berlin
Fotos: Christian Richters, Münster
Seiten: 120-125

Ernst Pitschmann
Mitterndorf 98, A-4643 Pettenbach
Fotos: Archiv Architekt Seiten: 126-129

Christa Prantl
Alexander Runser
Budinskygasse 21, A-1190 Wien
Fotos: Margherita Spillutini, Wien
Seiten: 130-135

SAM Architekten und Partner AG
Dolf Schnebli, Tobias Ammann
Sacha Menz und weitere
Hardtturmstraße 175, CH-8037 Zürich
Fotos: Gaston Wicky, Zürich Seiten: 136-141

Daniel Sauter
Arlbergstraße 117, A-6900 Bregenz
In Arbeitsgemeinschaft mit
Much Untertrifaller
Fotos: Archiv Architekt Seiten: 142-147

Schaudt Architekten BDA
Andreas Rogg, Helmut Hagmüller,
Martin Cleffmann, Roland Sorichter
Herbert Schaudt
Hafenstraße 10, 78462 Konstanz
Fotos: Reiner Blunck, Tübingen Seiten: 148-153

Architekten Schluder Kastner
Heinrichsgasse 2, A-1010 Wien
Fotos: Margherita Spillutini, Wien
Seiten: 154-157

Schmid Architekten
Alfred Julius Schmid
Bauturm
Josef-Schwarz-Weg 11, 81479 München
Fotos: Karl Kroupa, München
Seiten: 158-163

Hannes Schreiner
Johannesstraße 49, 70176 Stuttgart
Fotos: Christian Richters, Münster
Seiten: 164-169

Dietrich Schwarz
Via Calundis 8, CH-7013 Domat/Ems
Fotos: Grazia Ike-Branco, Magliaso
Seiten: 170-173

Steffen, Dubach und Partner
Kirchbergstraße 189, CH-3401 Burgdorf
Projektarchitekten: Andreas Begert und
André Baumann, Ersigen
Fotos: Thomas Hämmerli, Gondiswil
Seiten: 174-179

Frank E. Strasser
Blumenweg 18, CH-8008 Zürich
Fotos: Ruedi Walti, Basel
Seiten: 180-185

Much Untertrifaller
siehe Daniel Sauter

Wagner Graser
Christian Wagner, Jürg Graser
Zürcherstraße 11, CH-7020 Sargans
Neugasse 6, CH-8005 Zürich
Fotos: Archiv Architekten Seiten: 186-191

Heinz Wondra
Sackstraße 12, A-8010 Graz
Fotos: Peter S. Eder, Graz
Seiten: 192-197

aap
Franz Roos
Langensandstraße 80
CH-6005 Luzern

Aebi & Vincent
Weihergasse 11
CH-3005 Bern

Reinhold Andris
Mittlerer
Bauernwaldring 34
D-70195 Stuttgart

Archipart
Zollikerstraße 128
CH-8008 Zürich

Architekturbüro orange
Christinenstraße 18/19
Haus 9
D-10119 Berlin

Architekturbüro Strunz
Gabelsbergerstraße 62
D-80333 München

Architekturwerkstatt
Obere Domberggasse 5
D-85354 Freising

Thomas Bamberg
Gartenstraße 7
D-72793 Pfullingen

Berger + Partner
Oberstüdtlistraße 7
CH-9471 Buchs

Benno und Cornelia Bissegger
Löhrstraße 6
CH-9402 Mörschwil

Wolf Peter Buchholz
Mattenweg 14
D-79682 Todtmoos

Andreas Corneliussen
Dortmunder Straße 63
D-45731 Waltrop

Uwe Ehrler
Bürklinstraße 2
D-76137 Karlsruhe

Franz Eitzinger
Körösistraße 200
A-8010 Graz

Marcel Ferrier
Davidstraße 44
CH-9000 St. Gallen

Freistil Architekten
Brandshofer Deich 114
D-20539 Hamburg

Daniel Fuegenschuh
In der Ulle 4
A-6080 Iglis

Hans Gangoly
Volksgartenstraße 18
A-8020 Graz

Gerner/Gerner
Mariahilfer Straße
101/3/49
A-1060 Wien

Thomas Glodde
Scheibenhardter Weg 42
D-76199 Karlsruhe

Göldi + Eggenberger
Alte Landstraße 65
CH-9450 Altstätten

Philippe Gueissaz
11, rue des Arts
CH-1450 Sainte-Croix

Tim Günther
Halde 1
D-78354 Sipplingen

Thomas Haasch
Viktoria-Luise-Platz 7
D-10777 Berlin

Thomas Hammer + Doris Schmid-Hammer
Rosenheimer Straße 139
81671 München

Hartmann + Stula
Münchensteinerstr. 69
CH-4052 Basel

Hascher + Jehle
Hohenzollerndamm 81
D-14199 Berlin

Herschel. Frederking
Lehrter Straße 57
D-10557 Berlin

Hochholdinger – Knauer
Rankgasse 13/3
A-1160 Wien

HOLODECK
Kirchengasse 13/1a
A-1070 Wien

Peter Koller
Schrottgasse 12
D-94032 Passau

Kresing Architekten
Lingener Straße 12
D-48155 Münster

Gerhard Kreutzer und Günther Krisper
Schumanngasse 18
A-8010 Graz

KSP Engel und Zimmermann
Hanauer Landstr. 287-289
D-60314 Frankfurt a.M.

Peter Kunz
Haldenstraße 74
CH-8400 Winterthur

Landau + Kindelbacher
Tattenbachstraße 18
D-80538 München

W. & R. Leuenberger AG
Dubematt 2
CH-6026 Rain

Ernst Linsberger
Herrengasse 6-8
A-1010 Wien

Matthias Loebermann
Äußere Bayreuther
Straße 31
D-90409 Nürnberg

Maier + Neuberger
Neureutherstraße 29
D-80799 München

Daniele Marques
Rankhofstraße 3
CH-6006 Luzern

Gert Mayr-Keber
Blechturmgasse 11
A-1050 Wien

Meier Definiti
Nordstraße 110
CH-8037 Zürich

Miserez · Bill
Lindengartenweg 6
CH-6005 Luzern

Molestina + Kraus Gruppe MDK Architekten
Wormser Straße 21
D-50677 Köln

Oed & Haefele
Kelternstraße 9
D-72070 Tübingen

Markus Ott
Mainzer Straße 135-137
D-66121 Saarbrücken

PAK
Myriam Gautschi
und Günther Zöller
Litzenhardtstraße 83
D-76135 Karlsruhe

Pichler & Traupmann
Kundmanngasse 39/12
A-1030 Wien

Norbert Post, Hartmut Welters
Arndtstraße 41
D-44135 Dortmund

Probst + Meyer
Nederlingerstraße 68
80638 München

Angelo Roventa
Bezegg 61
A-6870 Bezau

Anita Schepp
Paulstraße 24-26
D-50676 Köln

Schlude . Ströhle
Gutenbergstraße 41
D-70176 Stuttgart

Schwalm-Theiss & Gressenbauer
Altgasse 21
A-1130 Wien

Marc Schweizer
Kirchbühl 17
D-74523 Schwäbisch Hall

Reinhard Singer
Gartenstraße 10
D-76133 Karlsruhe

Christoph und Reto Stadler
Rieterstraße 52
CH-8002 Zürich

Steiger Kraushaar Graber Steiger
Hermesbühlplatz 3
CH-4500 Solothurn

Gerhard Steixner
Neubaugasse 8
A-1070 Wien

Wolfgang Stöger und Christoph Zelger
Museumstraße 10
A-6020 Innsbruck

Stoeppler + Stoeppler
Richardstraße 45
D-22081 Hamburg

Weiss
Alsenstraße 41
D-44532 Lünen

Werkgruppe 1
Dorfstraße 12
D-79261
Gutach-Bleibach

Prof. Sampo Widmann
Mittererstraße 3
D-80336 München

Zimmermann Architekten
Bahnhofstraße 102
CH-5000 Aarau

Kurzbiografien der prämierten und ausgezeichneten Architekten

Name des Büros:	**Angélil / Graham / Pfenninger / Scholl Architecture, Zürich**		
Name:	Marc Angélil	Anz. der Mitarbeiter:	15
Geburtsdatum:	-	Name:	Sarah Graham
Studienort:	Zürich 1973-79	Geburtsdatum:	-
		Studienort:	Harvard 1979 - 1982
Eigenes Büro seit:	1990		

Arbeitsschwerpunkte / Aktuelle Projekte:
Midfield Dock, Zürich-Flughafen, Waschanstalt Zürich,
Um- und Neubauten (Wohnungen, Büros, Gewerbe, Läden, Restaurants)

Noch zu erwähnen:
Professor ETH Zürich
1987-96 Professur, Los Angeles

Name:	Reto Pfenninger	Name:	Manuel Scholl
Geburtsdatum:	3.1.1963	Geburtsdatum:	-
Studienort:	Winterthur, Lausanne, München	Studienort:	1982 - 88 ETH Zürich

Name des Büros:	**Werner Bäuerle, Freier Architekt BDA, Konstanz**
Name:	Werner Bäuerle
Geburtsdatum:	1.4.1958
Studienort:	Konstanz
Eigenes Büro seit:	1989
Anz. der Mitarbeiter:	5 - 10

Arbeitsschwerpunkte:
Kosten- und flächensparender Wohnungsbau, Holzskelettkonstruktionen, Architekturwettbewerbe

Noch zu erwähnen:
Diverse Auszeichnungen und Architekturpreise

Name des Büros:	**Architekturbüro Robert Burri + Dr. Daniel P. Meister, Reiden**
Name:	Robert Burri / Dr. Daniel P. Meister
Geburtsdatum:	1946 in Zürich / 1945 in Schaffhausen
Studienort:	Ulm, Texas A & M University / Houston, Stuttgart
Eigenes Büro seit:	1973 / 1977 Bürogemeinschaft seit 1986
Anz. der Mitarbeiter:	5

Arbeitsschwerpunkte/ Aktuelle Projekte:
Planungen, Schulbau, Wohnungsbau, Industriebau

Name des Büros:	**Georg Diendl, Wien**
Name:	Georg Driendl
Geburtsdatum:	5.5.1956 in Innsbruck
Studienort:	Akademie der Bildenden Künste, Wien
Eigenes Büro seit:	1987
Anz. der Mitarbeiter:	3 - 5

Arbeitsschwerpunkte:
Ökosozialer, kostengünstiger Wohnungsbau, Flex-Space Bürobau, Schulbau, Museums- und Ausstellungsbau, Möbel, Privathäuser

Noch zu erwähnen:
Das Ziel bei allen Bauvorhaben ist es, mit geringstmöglichem Einsatz von Mitteln größtmögliche Wirkung an Qualität und Effizienz für den Benutzer zu erzielen

Name des Büros: **M. Drüe, Architekt, Köln**
Name: Michael Drüe
Geburtsdatum: 29.1.1960
Studienort: Aachen
Eigenes Büro seit: 1992
Anz. der Mitarbeiter: 2 - 3

Arbeitsschwerpunkte:
Wohnungs- und Gewerbebau

Name des Büros: **Architekten Dzino & Dzino, Wien**
Name: Asim Dzino / Claudia Dzino
Geburtsdatum: 31.1.1952, Damaskus / 7.3.1963, Wien
Studienort: Hochschule für angew. Kunst Wien / TU Wien
Eigenes Büro seit: 1987, Partnerschaft seit 1996
Anz. der Mitarbeiter: 3 - 5

Arbeitsschwerpunkte:
Schulen und Wohnhausanlagen, Einfamilienhäuser

Name des Büros: **Eckerle Architektur, Ingolstadt**
Name: Paulus Eckerle
Geburtsdatum: 1962
Studienort: München
Eigenes Büro seit: keine Angabe
Anz. der Mitarbeiter: keine Angabe

Noch zu erwähnen:
Diverse Publikationen

Name des Büros: **Büro Arch. DI Hermann Eisenköck, Graz Architektenarbeitsgem. o. Univ. Prof. Arch. DI Günther Domenig - Arch.DI Hermann Eisenköck, Graz**
Name: Hermann Eisenköck / Büropartner o. Univ. Prof. Arch. DI Günther Domenig
Geburtsdatum: 1.3.1954
Studienort: Graz
Eigenes Büro seit: 1987

Anz. der Mitarbeiter: 30

Arbeitsschwerpunkte:
Großprojekte (Universitäten, Krankenhäuser, Schulen, etc.)

Name des Büros: **Thomas Fabrinsky, Freier Architekt, Karlsruhe**
Name: Thomas Fabrinsky
Geburtsdatum: 1964 in Ludwigshafen
Studienort: Karlsruhe
Eigenes Büro seit: 1996
Anz.der Mitarbeiter: 1 - 3

Arbeitsschwerpunkte:
Planung und Ausführung von den unterschiedlichsten Hochbauten bis zum Möbelbau, sowie Wettbewerbe und Gutachten

Noch zu erwähnen:
Seit 1999 besteht eine Bürogemeinschaft mit den Architekten Ehrler und Willborn in Karlsruhe

Name des Büros: **Architekten Fink + Jocher, München**
Name: Dietrich Fink / Thomas Jocher
Geburtsdatum: 1958 in Burgau / 1952 in Benediktbeuern
Studienort: TU München / TU München
Eigenes Büro seit: 1991
Anz. der Mitarbeiter: 8

Arbeitsschwerpunkte:
Städtebauliche Projekte, Wohnbauten, öffentliche Bauten, Verwaltungsbauten

Noch zu erwähnen:
Gastprofessur für Dietrich Fink in München 1998, Thomas Jocher ist Professor an der Universität Stuttgart, diverse Auszeichnungen, Architekturpreise, Wettbewerbserfolge und Veröffentlichungen

Name des Büros: **Gassner & Zarecky, Riemerling**
Name: Uli Gassner / Peter Zarecky
Geburtsdatum: 1966 in München / 1969 in München
Studienort: FH München / FH München
Eigenes Büro seit: 1996 / 1997
Partnerschaft seit 1997
Anz. der Mitarbeiter: 2 - 4

Arbeitsschwerpunkte:
Umbauten und Neubauten mit öffentlichen und privaten Auftraggebern

Name des Büros: **Gatermann + Schossig und Partner GbR Architekten BDA, Köln**
Name: Dörte Gatermann / Elmar Schossig
Geburtsdatum: 25.3.1956 / 28.6.1950
Studienort: Braunschweig / Aachen
Braunschweig / Aachen
Eigenes Büro seit: 1984
Anz. der Mitarbeiter: 20

Arbeitsschwerpunkte:
Bürobau, Gewerbe- und Industriebau, Wohnungsbau, Sonderbauten, städtebauliche Planungen, Design

Noch zu erwähnen:
Vielzahl an Architekturpreisen, Ausstellungen, Veröffentlichungen, Wettbewerbserfolgen

Name des Büros: **Giraudi & Wettstein, Architetti FAS, Lugano**
Name: Sandra Giraudi / Felix Wettstein
Geburtsdatum: 29.10.1962 / 24.11.1962
Studienort: Lugano, ETH Zürich / ETH Zürich
Eigenes Büro seit: 1992, gemeinsames Büro seit 1995
Anz. der Mitarbeiter: 3 - 4

Arbeitsschwerpunkte / Aktuelle Projekte:
Entwurf, keine thematischen Schwerpunkte, vom Einfamilienhaus über das Universitätsgebäude bis zur Bahnhofsverwaltung

Name des Büros: **Heil & Aichele Architekten, München**
Name: Werner Heil / Joachim Aichele
Geburtsdatum: 1943 / 1960
Studienort: München / Stuttgart
Eigenes Büro seit: 1974 / 1995
Partnerschaft seit 1995
Anz. der Mitarbeiter: Keine Angabe

Name des Büros: **Architekturbüro Jeremy Hoskyn, Zürich**
Name: Jeremy Hoskyn
Geburtsdatum: 24.1.1959
Studienort: ETH Zürich
Eigenes Büro seit: 1995
Anz. der Mitarbeiter: Keine Angabe

Arbeitsschwerpunkte:
Wohnungsbau, Umnutzungen, Umbauten, Denkmalpflegerische Arbeiten, Sport- und Freizeiteinrichtungen

Name des Büros: **Architekten Christine + Horst Lechner, Salzburg**
Name: Christine Lechner / Horst Lechner
Geburtsdatum: 1960 in Salzburg / 1959 in Villach
Studienort: Linz / Wien
Eigenes Büro seit: 1988
Anz. der Mitarbeiter: Keine Angabe

Arbeitsschwerpunkte:
Wohnbau, städtebauliche Projekte, Design

Noch zu erwähnen:
Diverse Auszeichnungen und Publikationen

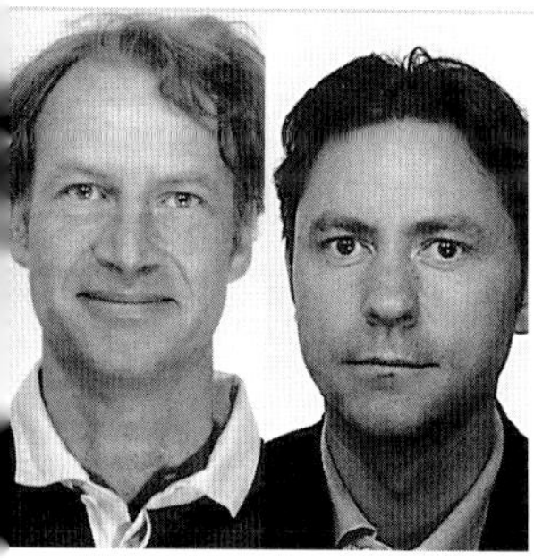

Name des Büros: **Architekten Leuschner Gänsicke / Hamburg, Wittenberg**
Name: Andreas Leuschner / Uwe Gänsicke
Geburtsdatum: 1958 / 1962
Studienort: Aachen / Weimar
Eigenes Büro seit: 1992,
Niederlassung in Wittenberg seit 1995
Anz. der Mitarbeiter: 6

Arbeitsschwerpunkte / Aktuelle Projekte:
Öffentliche Bauten (Gymnasium, Arbeitsamt), private Bauten (Gewerbebau, Wohnungsbau, Reha-Zentrum)

Name des Büros: **Architekten Linie 4, Konstanz, Villingen-Schwenningen**
Name: Martin Bächle / Karin Meid-Bächle
Geburtsdatum: 1963 in Villingen / 1958 in Konstanz
Studienort: Konstanz, Birmingham / Konstanz
Eigenes Büro seit: 1991 Bürogründung Architekten Linie 4
Anz. der Mitarbeiter: Keine Angabe

Arbeitsschwerpunkte / Aktuelle Projekte:
Keine Angabe

Name: Maria Kollmann
Geburtsdatum: 1961 in Konstanz
Studienort: Konstanz
Noch zu erwähnen: 1991 Bürogründung Architekten Linie 4

Name: Uwe Schlenker
Geburtsdatum: 1963 in Konstanz
Studienort: Konstanz
Noch zu erwähnen: 1991 Bürogründung Architekten Linie 4

Name des Büros: **Peter Lorenz, Wien**
Name: Peter Lorenz
Geburtsdatum: 1950 in Innsbruck
Studienort: Innsbruck, Promotion in Venedig
Eigenes Büro seit: 1980
Anz.der Mitarbeiter: 10 - 15

Arbeitsschwerpunkte:
Über 200 Werke, darunter viel Ungebautes, Umgebautes, Wettbewerbe, Studien, ausgeführte Projekte im Wohnbau, innerstädtische Zentren, Geschäfte, Design, Stadtgestaltung und Großprojekte

Noch zu erwähnen:
Lehraufträge an verschiedenen Universitäten, Workshops, Vorträge, Jurien, Ausstellungen, Gutachten, Engagement in Sachen Architektur, Studienreisen weltweit

Name des Büros: **Professor Christoph Mäckler Architekten, Frankfurt, Berlin**
Name: Christoph Mäckler
Geburtsdatum: 17.4.1951
Studienort: TH Aachen
Eigenes Büro seit: 1981
Anz. der Mitarbeiter: 20

Arbeitsschwerpunkte:
Bürogebäude, Hochhausplanungen, Bauten für den Verkehr, Schulen, Einfamilienhäuser

Name des Büros: **Architekten und Stadtplaner BDA Prof. H. Pfeiffer, Ch. Ellermann, J. Preckel,** Lüdinghausen, Berlin
Name: Prof. H. Pfeiffer / Ch. Ellermann
Geburtsdatum: 9.8.1935 / 31.10.1954
Studienort: Stuttgart / Münster
Eigenes Büro seit: 1979, seit 1986 zusammen mit Ch. Ellermann
Anz. der Mitarbeiter: 26

Arbeitsschwerpunkte/ Aktuelle Projekte:
Versicherungen, Banken, Denkmalpflege, Industriegebäude

Name: J. Preckel
Geburtsdatum: 29.8.1963
Studienort: Münster

Name des Büros: **Architekt Ernst Pitschmann, Pettenbach**
Name: Ernst Pitschmann
Geburtsdatum: 14.11.1947 in Wels, Oberösterreich
Studienort: TU Wien
Eigenes Büro seit: 1978
Anz. der Mitarbeiter: 2

Arbeitsschwerpunkte:
Öffentliche Bauten (Gemeindezentren, Kindergärten, Bauhöfe, Aussegnungshallen, Wohnbauten und Wohnhäuser)

Noch zu erwähnen:
Umfangreiche Vortrags- und Publikationstätigkeit mit den Schwerpunkten Ortsbildgestaltung, Siedlungstätigkeit und kostengünstiger Wohnungsbau unter besonderer Berücksichtigung der Energiesituation, zahlreiche Wettbewerbserfolge

Name des Büros: **Architekten Ch. Prantl + A. Runser** Studio für experimentelle Architektur, Städtebau und Forschung, Wien
Name: Christa Prantl / Alexander Runser
Geburtsdatum: 1960 in Steyr / 1955 in Wien
Studienort: Wien / Wien
Eigenes Büro seit: 1994 / 1991, Ateliergemein. Prantl + Runser seit 1994
Anz. der Mitarbeiter: 6

Arbeitsschwerpunkte:
Städtebauliche Projekte, Wohnbauten, Niedrigenergiehäuser, öffentliche Bauten, Verwaltungsbauten

Noch zu erwähnen:
C. Prantl hat einen Unterrichtsauftrag an der TU Wien, Alexander Runser ist seit 1995 Universitätslektor an der TU Wien, zahlreiche Auszeichnungen, Architekturpreise, Ausstellungen, Wettbewerbserfolge und Veröffentlichungen, diverse Forschungsprojekte

Name des Büros: **SAM Architekten und Partner AG, Zürich**
Name: Dolf Schnebli
Geburtsdatum: 27.12.1928 in Baden, Schweiz
Studienort: Zürich, Harvard
Eigenes Büro seit: 1958
Anz. der Mitarbeiter: 8 Partner und weitere Mitarbeiter

Arbeitsschwerpunkte / Aktuelle Projekte:
Alle wichtigen und bedeutenden Bauaufgaben

Noch zu erwähnen:
Diverse Gastdozenturen, zahlreiche Gastprofessuren in Amerika, Mexico und Japan, von 1971 bis 1994 Ordentlicher Professor an der ETH Zürich, viele Auszeichnungen und Ehrungen im In- und Ausland

Name: Tobias Ammann
Geburtsdatum: 27.9.1944 in Felben, Schweiz
Studienort: Essen

Noch zu erwähnen:
seit 1984 Teilhaber, eigenes Büro seit 1991, 1981 Gastdozent in New York

Name: Sacha Menz
Geburtsdatum: 5.5.1963 in Wien
Studienort: ETH Zürich

Noch zu erwähnen:
seit 1996 Partner im Büro SAM, seit 1997 Teilhaber des Büros, 1988 Lehrauftrag an der ETH Zürich

Name des Büros: **Architekturbüro Daniel Sauter, Bregenz**
Das ausgezeich. Projekt ist eine Gemeinschaftsarbeit der Architekten Daniel Sauter und Much Untertrifaller, Bregenz
Name: Daniel Sauter / Much Untertrifaller
Geburtsdatum: 20.9.1963 in Friedrichshafen / 21.11.1959 in Bregenz
Studienort: Konstanz und Biberach / TU Wien

Eigenes Büro seit: 1992 / 1986, Arbeitsgemeinschaft mit Helmut Dietrich, Much Untertrifaller sen. und Daniel Sauter
Anz. der Mitarbeiter: 3 - 5

Arbeitsschwerpunkte:
Vorfabrikation, industrielles Bauen, Wohnungsbau, öffentliche Bauten

Name des Büros: **Schaudt Architekten BDA, Konstanz**
Name: Herbert Schaudt / Roland Sorichter
Geburtsdatum: 1933 in Karsau / 1957 in Solingen
Studienort: Konstanz / Konstanz
Eigenes Büro seit: 1970/ Büropartner seit 1993
Anz. der Mitarbeiter: 20

Arbeitsschwerpunkte:
Öffentliche Bauten, Industriebau, Wohnungsbau, Produktdesign

Noch zu erwähnen:
Zweigniederlassungen in Berlin und Dresden

Name: Martin Cleffmann
Geburtsdatum: 1958 in Marburg
Studienort: TH Darmstadt
Büropartner seit 1993

Name: Helmut Hagmüller
Projektarchitekt (siehe Foto)
Geburtsdatum: 1957 in Radolfzell
Studienort: TH Stuttgart
Büropartner seit 1993

Name: Andreas Rogg
Geburtsdatum: 1958 in Freiburg
Studienort: Konstanz
Büropartner seit 1997

Name des Büros:	**Schluder / Kastner, Architekten, Wien**
Name:	Michael Schluder / Hanns Kastner
Geburtsdatum:	26.3.1956 in Wien / 8.6.1960 in Wien
Studienort:	Wien / Wien
Eigenes Büro seit:	1988
Anz. der Mitarbeiter:	8 - 14

Arbeitsschwerpunkte: Architektur

Noch zu erwähnen: www. architecture. at

Name des Büros:	**Schmid Architekten, München**
Name:	Alfred Julius Schmid
Geburtsdatum:	1.12.1962
Studienort:	München
Eigenes Büro seit:	1995
Anz. der Mitarbeiter:	2 - 3

Arbeitsschwerpunkte:
Einfamilienhäuser, Geschoßwohnungsbau, Umbauten, Läden, Wettbewerbe

Noch zu erwähnen:
„Einfache und klare Architektursprache mit funktionalen Grundrissen als Resultat einer engen Zusammenarbeit zwischen Architekt und Bauherr".

Name des Büros:	**Hannes Schreiner, Freier Architekt, Stuttgart**
Name:	Hannes Schreiner
Geburtsdatum:	1961 in Ulm
Studienort:	Stuttgart und Wien
Eigenes Büro seit:	1994
Anz. der Mitarbeiter:	6

Arbeitsschwerpunkte:
Wohnbau, Gewerbebau, Altbausanierung, öffentliche Bauten

Noch zu erwähnen:
Seit 1995 Lehrtätigkeit als wissenschaftlicher Mitarbeiter an der Universität Stuttgart

Name des Büros:	**Dietrich Schwarz, Dipl. Architekt ETH / SIA, Domat / Ems**
Name:	Dietrich Schwarz
Geburtsdatum:	11.8.1964
Studienort:	ETH - Zürich
Eigenes Büro seit:	1992
Anz. der Mitarbeiter:	1

Arbeitsschwerpunkte:
Planung, Bauausführung, Solararchitektur, Historische Bauten

Name des Büros:	**Steffen, Dubach und Partner Architekten AG, Burgdorf**
	Projektarchitekten:
Name:	Andreas Begert / André Baumann
Geburtsdatum:	11.4.1953 / 8.7.1963
Studienort:	Burgdorf / Winterthur
Eigenes Büro seit:	Partner seit 1994 / Partner von 1988 - 97
Anz. der Mitarbeiter:	24

Name des Büros:	**Architekturbüro F. Strasser, Zürich**	Arbeitsschwerpunkte/ Aktuelle Projekte:
Name:	Frank E. Strasser	Neben der Bautätigkeit theoretische Auseinandersetzung
Geburtsdatum:	11.8.1963	mit Architektur, Texte zu Architektur und Städtebau
Studienort:	ETH Zürich	
Eigenes Büro seit:	1994	Noch zu erwähnen:
Anz. der Mitarbeiter:	1	Diverse Publikationen

Name des Büros: **Much Untertrifaller, Bregenz**

(Siehe unter Daniel Sauter)

Name des Büros:	**Wagner Graser, Dipl. Architekten ETH SIA AG, Sargans, Zürich**	Arbeitsschwerpunkte: Vorfabrikation, industrielles Bauen, Wohnungsbau, öffentliche Bauten
Name:	Jürg Graser / Christian Wagner	
Geburtsdatum:	21.8.1965 / 9.6.1960	
Studienort:	ETH Zürich / EPF Lausanne	
Eigenes Büro seit:	1995	
Anz. der Mitarbeiter:	3 - 5	

Name des Büros:	**Architekturbüro Heinz Wondra, Graz**	Arbeitsschwerpunkte:
Name:	Heinz Wondra	Architektur als intelligentes Produkt
Geburtsdatum:	1940	
Studienort:	TU Graz	
Eigenes Büro seit:	1978	
Anz. der Mitarbeiter:	4	